Scoprire i Giochi Gratuiti Online

Disponibile Qui:

BestActivityBooks.com/FREEGAMES

5 CONSIGLI PER INIZIARE

1) COME RISOLVERE LE PAROLE INTRECCIATTE

I puzzle hanno un formato classico:

- Le parole sono nascoste senza spazi o trattini,...
- Orientamento: Le parole possono essere scritte in avanti, indietro, verso l'alto, verso il basso o in diagonale (possono essere invertite).
- Le parole possono sovrapporsi o intersecarsi.

2) APPRENDIMENTO ATTIVO

Accanto ad ogni parola c'è uno spazio per scrivere la traduzione. Per incoraggiare l'apprendimento attivo, un **DIZIONARIO** alla fine di questa edizione vi permetterà di controllare e ampliare le vostre conoscenze. Cerca e scrivi le traduzioni, trovale nel puzzle e aggiungile al tuo vocabolario!

3) SEGNARE LE PAROLE

Puoi inventare il tuo sistema di segni. Forse ne usi già uno? Per esempio, puoi segnare le parole difficili da trovare con una croce, le parole preferite con una stella, le parole nuove con un triangolo, le parole rare con un diamante, e così via.

4) STRUTTURARE L'APPRENDIMENTO

Questa edizione offre un **TACCUINO** alla fine del libro. In vacanza, in viaggio o a casa, puoi organizzare facilmente le tue nuove conoscenze senza bisogno di un secondo quaderno!

5) AVETE FINITO TUTTE LE GRIGLIE?

Nelle ultime pagine di questo libro, nella sezione della **SFIDA FINALE**, troverete un gioco gratuito!

Facile e veloce! Dai un'occhiata alla nostra collezione di libri di attività per il tuo prossimo momento di divertimento e **apprendimento,** a portata di clic!

Trova la tua prossima sfida su:

BestActivityBooks.com/MioProssimoLibro

Ai vostri posti, pronti...Via!

Sapevi che ci sono circa 7.000 lingue diverse nel mondo? Le parole sono preziose.

Amiamo le lingue e abbiamo lavorato duramente per creare libri di altissima qualità. I nostri ingredienti?

Una selezione di argomenti adatti all'apprendimento, tre buone porzioni di intrattenimento, una cucchiaiata di parole difficili e una spolverata di parole rare. Li serviamo con amore e entusiasmo in modo che tu possa risolvere i migliori giochi di parole e divertirti imparando!

La vostra opinione è essenziale. Puoi partecipare attivamente al successo di questo libro lasciandoci un commento. Ci piacerebbe sapere cosa ti è piaciuto di più di questa edizione.

Ecco un link veloce alla pagina dell'ordine:

BestBooksActivity.com/Recensione50

Grazie per il vostro aiuto e buon divertimento!

Tutta la squadra

1 - Salute e Benessere #2

能影篮益缝动拳魔跳利营养放维魔绘
源织远陶读舞拼跳跳跳鱼阅缝生消瓷
园法卡路里脱水猎活阅击游益素化松
图利血趣球画松利图篮法乐狩放卫品
画露画画趣身能篮足舞乐解剖学生拼
读益工品感体图缝钓瓷阅食乐拼营园
陶益松暇染园跳品放画足欲饮技击艺
猎疾乐摄技远舞动钓能远戏魔钓放利
游病露绘棒潜鱼暇钓营针露动织篮品
营戏舞绘利影魔术按摩遗园织露医陶
鱼陶暇击陶针松织魔纫篮传击球院棒
猎法猎戏重品绘戏图过敏游学潜园图
远缝松品钓量益拳艺鱼工画织拳摄阅
织趣鱼狩鱼趣健康魔舞击暇活戏暇纫
绘技暇拼利瓷击阅远摄魔动放趣游拳
球远摄能技动动乐露动纫画缝图钓工

过敏　　　　　　卫生
解剖学　　　　　感染
食欲　　　　　　疾病
卡路里　　　　　按摩
身体　　　　　　营养
饮食　　　　　　医院
消化　　　　　　重量
脱水　　　　　　健康
能源　　　　　　维生素
遗传学

2 - Aggettivi #2

品鱼拼法利足足技动生能营正动狩潜
法摄动游篮法钓负活放产艺宗露营纫
击摄摄戏工能能责影画法力动益潜画
工戏品剧狩钓有趣利织远活钓画品织
潜足艺性暇法正常暇远绘狩钓针读舞
跳自放利潜绘影戏足猎拳能猎球趣影
暇然拳狩活拳猎能游益动棒拳趣动放
营阅趣动钓阅球活拼击瓷影利园陶
乐技读营益能健康益松远织潜拳露
拼乐远趣术工创放棒利棒画拳图露营
游鱼术瓷纯拳术意瓷篮击远舞游术跳
棒钓球露优雅乐戏游缝拳法品足放益
技暇织艺猎阅绘陶饿影棒活跳画阅足
远拼能术图魔趣强趣棒营松纫织趣干
足篮摄工拼陶织能新露棒品骄趣纫乐
动动甜蜜的名著益的性述描傲咸阅画

正宗　　　　　　自然
创意　　　　　　正常
描述性的　　　　新的
甜蜜的　　　　　骄傲
戏剧性　　　　　生产力
优雅　　　　　　负责
著名的　　　　　健康
有趣

3 - Ingegneria

工 营 摄 画 游 轴 推 鱼 足 绘 足 织 织 术 绘 纫
缝 针 游 益 绘 魔 进 营 活 缝 远 技 结 构 图 能
钓 缝 魔 足 艺 拳 技 针 工 法 舞 影 利 营 活 游
品 棒 品 营 读 趣 魔 拼 舞 画 画 工 游 游 读
运 画 猎 工 松 技 工 齿 轮 远 篮 读 足 拼 篮 营
动 技 艺 益 营 读 乐 益 拼 影 工 摄 法 活 机 器
图 篮 狩 鱼 远 能 鱼 暇 露 活 拳 能 钓 益 动 绘
深 度 钓 足 杠 杆 狩 击 远 针 能 源 计 营 测 艺
魔 利 趣 能 马 营 拳 鱼 绘 钓 技 针 算 利 量 画
织 动 技 拼 摄 达 直 径 松 工 稳 定 性 暇 技 戏
摄 术 益 鱼 放 影 舞 绘 力 量 液 能 能 钓 放 篮
舞 利 利 陶 松 利 潜 影 摄 体 拼 棒 足 艺 影 趣
柴 术 分 营 拳 趣 拼 瓷 露 击 趣 图 图 魔 拳 活
游 油 配 摄 绘 足 阅 陶 乐 鱼 图 狩 表 营 营 技
图 潜 阅 放 狩 猎 针 画 图 缝 角 度 棒 画 营 纫
艺 益 松 猎 游 织 击 远 潜 摄 园 跳 鱼 法 猎 阅

角度
计算
图表
直径
柴油
分配
能源
力量
齿轮
杠杆

液体
机器
测量
马达
运动
深度
推进
稳定性
结构

4 - Archeologia

法球篮营影猎评园钓拼分能暇动研篮
猎工舞松织陶估工未知析影瓷缝究遗
技钓利足钓活戏营教能授品鱼读员迹
拼趣鱼乐工拳放艺钓魔动摄技猎棒松
读文远缰利利工瓷能露陶钓猎缝片
术明图趣针绘法能击跳术击专碎足
篮摄寺庙阅猎骨头舞足营针家后裔
技远绘绘猎化陶能利营针魔艺猎游
足拳狩技狩术石足乐绘针跳益远足舞
拼影活益猎魔能远球活古代魔游足
术艺露露纫动缝暇动代益术远工暇乐
团队对象动钓摄跳篮放乐阅露松织趣
时神针技益狩园针放园狩瓷艺益
纫代秘击拳狩画跳击篮瓷露利陶影
针鱼陶球画跳纫图器露法棒术戏
露拼工技足法瓷缝图图远球品棒术戏

分析　　对象
古代　　骨头
陶器　　教授
文明　　遗迹
后裔　　研究
时代　　未知
专家　　团队
化石　　寺庙
碎片　　评估
神秘

5 - Salute e Benessere #1

高	舞	法	暇	工	暇	工	绘	足	绘	益	益	缝	松	补	球
度	足	拼	瓷	摄	品	松	舞	松	瓷	活	松	棒	益	充	摄
技	露	足	球	缝	篮	营	读	画	游	画	游	织	能	剂	棒
姿	势	狩	露	趣	瓷	画	法	戏	戏	松	艺	艺	陶	能	益
医	生	利	织	狩	摄	图	击	魔	暇	陶	惯	法	活	能	能
药	店	影	陶	能	活	棒	戏	足	术	放	拳	工	缝	能	营
饥	法	松	画	放	趣	能	乐	园	瓷	棒	击	画	魔	足	利
饿	游	法	趣	鱼	读	球	跳	针	松	鱼	能	读	画	拼	魔
鱼	纫	技	棒	击	读	魔	松	足	活	舞	戏	潜	拳	动	远
缝	活	织	织	益	暇	法	工	艺	远	远	纫	魔	纫	瓷	营
趣	摄	肌	肉	治	疗	乐	品	读	影	狩	图	松	放	神	戏
鱼	法	影	舞	暇	读	篮	营	读	皮	肤	瓷	舞	陶	松	经
激	戏	阅	放	乐	利	阅	鱼	绘	棒	工	趣	利	园	术	摄
素	品	乐	缝	图	骨	图	跳	戏	摄	法	工	反	技	细	菌
营	诊	摄	读	病	狩	头	击	益	暇	术	棒	活	射	术	读
戏	所	营	暇	毒	读	断	裂	足	猎	击	缝	品	放	松	术

习惯
高度
细菌
诊所
饥饿
药店
断裂
医生
肌肉
神经

激素
骨头
皮肤
姿势
反射
放松
补充剂
治疗
病毒

6 - Aggettivi #1

巨大的重图有雄心乐足陶术动活瓷钓
营年轻活球跳图法重要的足鱼动利益足
趣露松棒影技园篮读读阅篮露图工足
绝松棒棒艺园动动营松针画潜足读远
松对潜动画趣术针织动读营魔瓷品陶
能暇画跳画狩工鱼芳香工乐远利能益
鱼乐拳活利相篮拳活工织暇陶瓷纫
异国情调钓同薄拼慷法读图摄陶工
艺击乐读球拳现代慨趣跳远戏缝陶拳
足瓷完利工能足陶图鱼拳戏技棒园足
击益摄美品魔工园术益园舞瓷技拳暇
工营远陶园利园绘图放读长动瓷棒园潜
球活潜艺舞球阅乐摄活暇拼瓷篮动足
游猎艺游技舞暇纫乐营趣术技慢读品
益暇活术击利拳戏瓷舞拼陶营利诚放
陶技放舞的值价有影活画放读深乐舞

有雄心	年轻
芳香	相同
艺术的	重要的
绝对	现代
巨大的	诚实
异国情调	完美
慷慨	有价值的

7 - Geologia

笋	石	影	足	画	乐	舞	猎	棒	画	针	术	纫	艺	潜	动
能	钙	头	水	晶	珊	瑚	钓	法	法	魔	技	绘	纫	工	棒
摄	舞	棒	法	放	乐	暇	品	趣	缝	狩	鱼	画	乐	织	图
园	露	摄	术	拳	陶	术	绘	舞	阅	棒	阅	跳	乐	篮	纫
舞	图	露	活	盐	暇	狩	技	技	层	狩	趣	暇	跳	拼	摄
趣	球	露	纫	法	魔	舞	鱼	钟	乳	石	篮	暇	足	足	远
动	读	缝	击	动	术	画	露	棒	摄	织	跳	篮	钓	松	魔
园	影	拼	大	化	石	术	影	营	潜	熔	火	山	趣	狩	瓷
益	摄	拳	陆	放	绘	趣	艺	动	缝	岩	陶	摄	拼	织	园
瓷	间	歇	泉	绘	松	园	画	乐	摄	游	针	放	影	棒	拼
织	读	击	酸	放	工	摄	球	益	击	陶	工	动	技	动	球
益	图	球	趣	侵	蚀	工	狩	洞	松	露	戏	拼	营	放	魔
艺	艺	跳	艺	拼	高	击	拼	穴	园	纫	远	针	营	绘	术
工	织	趣	戏	放	原	地	震	摄	图	技	松	能	击	放	园
阅	拼	图	陶	营	能	猎	戏	技	棒	潜	足	石	能	狩	摄
矿	物	影	足	针	摄	画	暇	乐	摄	趣	狩	英	远	艺	技

高原
洞穴
大陆
珊瑚
水晶
侵蚀
化石
间歇泉

熔岩
矿物
石头
石英
石笋
钟乳石
地震
火山

8 - Campeggio

舞	猎	击	缝	拳	地	山	乐	大	法	绘	法	织	戏	拼	篮
活	艺	读	放	游	图	舱	趣	鱼	自	品	拳	园	跳	品	球
篮	利	露	游	游	篮	能	工	乐	能	然	乐	影	针	猎	球
营	艺	动	拼	缝	潜	织	魔	露	篮	读	术	绘	潜	摄	棒
昆	活	钓	露	能	法	织	游	乐	法	益	绘	园	品	魔	工
戏	虫	棒	足	瓷	纫	戏	法	狩	球	织	球	活	湖	足	品
营	戏	火	艺	动	拳	影	法	猎	狩	猎	狩	摄	术	棒	猎
工	足	针	独	木	舟	艺	足	法	月	针	击	舞	棒	盘	缝
影	暇	帐	能	艺	树	猎	乐	织	亮	绳	织	罗	术	篮	针
帽	子	篷	艺	利	戏	舞	球	篮	足	子	潜	魔	篮	球	球
猎	动	织	园	画	暇	法	阅	吊	床	陶	陶	鱼	鱼	足	瓷
法	鱼	艺	放	工	拳	球	图	舞	露	术	工	影	营	绘	乐
钓	狩	术	阅	瓷	技	拼	营	营	击	利	放	足	营	冒	险
艺	动	术	缝	跳	舞	钓	猎	击	潜	动	图	纫	益	针
益	术	针	品	乐	能	猎	乐	活	阅	物	摄	陶	森	拼
艺	绘	艺	远	艺	棒	技	鱼	技	棒	球	利	潜	潜	林	棒

树木
吊床
动物
冒险
罗盘
狩猎
独木舟
帽子

绳子
乐趣
森林
昆虫
月亮
地图
大自然
帐篷

9 - Arti Visive

潜鱼针鱼戏缝读放鱼摄趣拼品阅篮瓷
游舞棒钓画品足电足远拼针棒击照看
舞笔铅松肖益露艺影术狩益放乐片法
益乐纫钓像工益击球足技棒远摄营织
乐纫棒陶篮乐足技缝露粉木纫舞影活
艺术家能绘图法摄织影松笔炭拳钓球
足放陶营营棒跳足画法营织远技活陶
缝活品远钓足球魔游舞纫活影术能能
拼品画棒鱼松读品乐能露图缝陶足图
画猎纫松松建筑棒画架图潜技摄纫能
营蜡陶品放图拼舞绘纫艺鱼瓷技动游
杰作器活阅狩园针阅跳能瓷针钓创模
营陶陶松暇摄营趣雕击术陶针陶造具
足缝摄游舞针织绘塑松暇放跳园力拼
猎棒影活击读魔乐摄工动拼拼露品营
猎篮鱼戏击趣工球趣拼击图粘土戏影

建筑　　　　　照片
粘土　　　　　粉笔
艺术家　　　　铅笔
杰作　　　　　绘画
木炭　　　　　看法
画架　　　　　肖像
陶器　　　　　雕塑
创造力　　　　模具
电影

10 - Tempo

画 松 游 绘 影 瓷 暇 法 月 拼 松 营 活 读 游 舞
拳 跳 读 瓷 画 工 十 年 暇 活 拼 图 动 击 露 狩
动 利 今 天 拼 狩 露 戏 摄 拳 利 潜 潜 缝 读 早
活 织 趣 利 历 世 棒 品 阅 能 艺 阅 纫 球 猎 晨
陶 松 影 术 日 摄 纪 工 益 品 时 乐 足 猎 乐 远
图 击 影 潜 缝 读 瓷 缝 猎 织 活 游 艺 缝 远
魔 跳 鱼 击 绘 艺 跳 技 足 绘 利 年 能 每 周 足
画 狩 瓷 游 缝 跳 舞 瓷 昨 能 露 益 影 年 动 魔
影 舞 摄 摄 针 足 瓷 趣 针 天 陶 益 营 绘 松 松
乐 鱼 园 鱼 益 纫 陶 益 放 暇 拳 摄 钓 拼 工 技
足 法 乐 摄 乐 松 击 击 魔 鱼 球 篮 动 技 阅 趣
益 足 钓 纫 瓷 狩 后 摄 图 法 很 松 中 能 陶 暇
放 术 潜 远 鱼 陶 绘 未 球 跳 艺 快 午 晚 以 术
戏 足 读 品 球 击 利 来 篮 松 戏 术 棒 上 前 益
园 阅 潜 篮 篮 露 分 钟 能 球 术 织 品 放 狩 影
松 放 品 读 钓 跳 狩 时 法 松 乐 益 缝 足 狩 篮

每年
日历
十年
未来
昨天
早晨
中午
分钟

晚上
今天
小
时钟
很
快
以前
世纪

11 - Astronomia

术陶潜望天黄道带鱼松术放宇天空阅
舞拼拼远文棒鱼阅画击足放航影影能
舞足狩镜台摄重陶猎拳工陶员图绘球
艺钓放影击动力潜球缝棒流系绍潜
园露织陶益乐织猎读趣读影座星新超
拼拼织绍画工击工击陶暇绍狩行狩阅
乐阅营远针绘摄缝足织露趣营小营魔
利摄动潜园狩法陶舞松球图月活舞画
拼阅星露球能拼拼远游地球亮露陶术
瓷远法云织球火箭营织拼棒缝狩营远
陶影术绘绘术画画松缝行远影艺舞能
放鱼放拳钓暇利松拼园活星影宇宙绘
法拼天文学家棒足击摄松露绍松读品
魔戏足法跳能松春分术影篮趣露利能
技拼能跳鱼法游动露陶球潜乐画益缝
篮暇活松阅跳营钓暇针鱼放篮摄辐射

12 - Algebra

读	钓	戏	游	技	分	跳	松	足	陶	能	公	式	线	性	游
缝	游	园	狩	狩	问	数	利	舞	乐	潜	拼	解	松	无	限
乐	能	减	矩	阵	题	足	拳	狩	园	游	戏	舞	决	乐	营
拼	工	法	术	能	拳	潜	阅	跳	艺	舞	绘	利	读	方	能
纫	瓷	击	松	魔	击	缝	法	击	摄	益	球	棒	缝	魔	案
陶	缝	趣	乐	阅	影	跳	因	魔	法	织	钓	球	艺	游	利
营	针	乐	瓷	画	戏	素	法	图	趣	游	艺	和	益	园	括
露	陶	棒	读	营	利	球	松	活	鱼	乐	影	和	益	缝	号
游	营	活	活	益	法	潜	戏	松	简	化	图	游	戏	营	针
游	拳	潜	针	针	解	露	指	钓	工	利	表	工	动	营	针
工	品	拼	影	术	决	篮	画	数	术	钓	利	摄	鱼	艺	读
放	利	松	远	影	益	戏	艺	拳	缝	画	缝	画	狩	方	程
戏	棒	艺	动	拳	绘	园	足	远	变	量	零	图	球	远	阅
球	露	法	猎	跳	园	园	暇	读	趣	纫	利	乐	品	潜	钓
棒	动	营	狩	跳	摄	足	游	画	园	摄	益	利	营	营	利
戏	读	猎	瓷	利	数	量	利	猎	暇	鱼	棒	画	钓	远	影

图表
方程
指数
因素
公式
分数
无限
线性
矩阵

括号
问题
数量
解决
简化
解决方案
减法
变量

13 - Mitologia

瓷 技 鱼 阅 阅 瓷 利 球 暇 营 足 力 法 瓷 舞 钓
游 阅 营 法 拳 舞 舞 针 艺 园 法 量 远 放 摄 露
舞 棒 针 利 乐 狩 摄 钓 放 潜 拳 能 纫 读 跳 营
击 陶 趣 摄 品 工 画 利 跳 棒 狩 陶 利 品 松 拼
园 针 能 织 雷 陶 阅 画 术 图 暇 园 法 潜 足 利
读 复 仇 拳 鱼 画 钓 瓷 活 术 陶 园 露 舞 放 潜
暇 技 摄 舞 戏 绘 足 术 读 潜 游 法 松 神 怪 物
球 拼 纫 动 利 能 信 仰 织 乐 工 行 艺 奇 影 绘
画 园 画 松 艺 动 暇 纫 术 跳 拼 为 原 型 阅 文
传 说 远 阅 纫 露 术 钓 凡 鱼 园 图 远 瓷 舞 化
游 游 乐 狩 游 足 狩 拼 人 击 趣 阅 钓 缝 陶 画
拳 松 阅 棒 阅 活 战 阅 阅 动 英 益 松 棒 球
戏 能 钓 舞 灾 难 士 嫉 狩 魔 术 利 雄 瓷 法 法
纫 活 读 图 潜 画 游 妒 松 闪 电 拼 园 法 潜 益
猎 舞 品 迷 画 篮 足 不 朽 能 画 织 松 图 缝 暇
生 物 动 益 宫 摄 阅 绘 拼 品 狩 球 活 足 创 造

原型
行为
生物
创造
信仰
文化
灾难
英雄
力量
闪电

嫉妒
战士
不朽
迷宫
传说
神奇
凡人
怪物
复仇

14 - Piante

趣	拼	松	狩	绘	画	放	戏	花	暇	击	摄	动	拼	法	潜
跳	花	拳	阅	利	品	足	法	瓣	艺	鱼	摄	松	戏	潜	利
球	狩	猎	缝	游	织	瓷	棒	法	术	暇	利	击	钓	猎	戏
植	物	学	缝	法	跳	篮	暇	拳	工	绘	图	读	瓷	森	魔
魔	缝	缝	戏	松	棒	摄	影	竹	舞	鱼	猎	营	术	戏	林
益	技	篮	根	松	猎	园	放	拳	子	缝	鱼	陶	营	篮	击
钓	技	陶	法	足	影	猎	读	陶	跳	乐	营	趣	缝	常	陶
绘	工	花	工	露	跳	魔	园	乐	篮	足	幼	放	绘	春	潜
法	跳	园	阅	植	击	乐	狩	艺	术	阅	游	豆	藤	潜	球
阅	读	读	工	物	园	拼	击	术	鱼	瓷	击	活	放	针	篮
舞	品	跳	绘	能	技	读	绘	活	草	篮	瓷	肥	活	利	读
猎	游	利	松	游	苔	藓	仙	人	掌	浆	果	料	幼	画	棒
缝	动	艺	缝	图	放	益	舞	图	钓	品	针	品	潜	拼	品
益	陶	击	灌	品	读	叶	跳	舞	趣	绘	工	术	能	绘	植
鱼	织	趣	足	木	园	树	狩	艺	猎	露	工	潜	工	缝	被
鱼	棒	能	击	绘	利	摄	鱼	足	跳	技	利	品	摄	技	魔

浆果	植物
竹子	树叶
植物学	森林
仙人掌	花园
灌木	苔藓
常春藤	花瓣
肥料	植被

15 - Spezie

藏 足 茴 拳 篮 孜 然 益 能 品 绘 益 球 园 戏 利
钓 红 香 洋 葱 品 跳 缝 图 拼 术 动 缝 猎 舞 技
针 跳 花 击 拼 动 游 足 跳 胡 椒 艺 工 陶 益 营
足 草 香 菜 暇 松 球 狩 钓 拳 舞 舞 姜 法 远 缝
园 拳 园 跳 放 法 拳 读 瓷 潜 拼 跳 黄 术 利 乐
拳 陶 游 陶 营 放 阅 足 跳 瓷 工 益 品 鱼 豆 影
钓 趣 乐 棒 阅 露 活 猎 摄 工 阅 击 狩 蔻 纫
大 蒜 摄 动 拳 摄 活 盐 味 工 拳 益 鱼 动 豆 影
影 甜 工 陶 乐 陶 缝 织 道 暇 辣 放 活 绘 肉 潜
图 远 蜜 球 陶 术 魔 篮 露 读 椒 甘 击 狩 魔 陶
织 画 鱼 的 暇 游 舞 猎 肉 桂 粉 能 草 瓷 图 球
球 放 暇 足 钓 暇 影 缝 动 动 游 游 陶 动 营 篮
远 姜 击 术 乐 放 画 绘 乐 钓 钓 活 织 缝 品 工
咖 喱 画 乐 潜 品 工 活 摄 纫 鱼 狩 画 暇 露 舞
戏 艺 针 舞 游 营 棒 鱼 营 品 足 舞 术 工 活 苦
织 工 潜 能 棒 图 乐 瓷 能 拳 篮 读 艺 影 游 品

大蒜　　　　　　茴香
肉桂蔻　　　　　味道
豆蔻　　　　　　甘草
洋葱　　　　　　肉豆蔻
香菜　　　　　　辣椒粉
孜然　　　　　　胡椒
姜黄　　　　　　香草
咖喱　　　　　　藏红花
甜蜜的

16 - Numeri

阅	远	二	绘	艺	棒	瓷	足	棒	猎	画	画	工	法	织	露
远	潜	十	足	陶	拳	乐	画	钓	放	摄	篮	棒	鱼	绘	潜
拼	制	四	暇	缝	摄	棒	能	魔	棒	纫	游	品	纫	瓷	拳
乐	进	十	戏	读	摄	八	艺	园	乐	术	游	猎	潜	工	瓷
纫	十	二	六	十	绘	拳	舞	瓷	足	十	猎	球	营	足	篮
摄	跳	五	纫	三	零	瓷	绘	纫	松	七	技	织	戏	瓷	园
舞	园	陶	五	钓	狩	缝	钓	猎	摄	松	放	阅	远	能	营
营	针	阅	动	画	篮	缝	十	八	活	击	魔	魔	远	针	乐
品	趣	技	图	鱼	放	棒	活	瓷	活	瓷	能	拳	足	技	针
陶	缝	阅	放	阅	猎	放	鱼	绘	狩	利	园	工	阅	术	织
松	松	益	瓷	球	动	营	陶	品	露	远	阅	篮	阅	潜	针
品	魔	益	阅	乐	阅	篮	缝	十	九	棒	摄	工	棒	远	摄
棒	利	工	趣	陶	跳	球	阅	法	营	读	影	画	趣	露	露
园	能	狩	击	工	乐	戏	品	技	露	能	趣	舞	远	球	品
放	摄	品	篮	画	游	乐	纫	法	织	击	足	击	活	工	游
读	能	游	游	法	足	织	游	九	瓷	击	十	纫	动	远	游

十进制	十四
十九	十五
十七	十六
十八	十三
十二	二十

17 - Cioccolato

香 画 技 鱼 卡 工 瓷 成 跳 异 艺 魔 露 技 狩 纫
魔 气 远 织 路 舞 瓷 分 拼 国 陶 猎 摄 远 魔 狩
活 影 技 露 里 潜 影 纫 陶 情 远 艺 缝 利 针 足
动 棒 食 谱 益 远 益 影 术 调 篮 拳 术 缝 绘 织
画 图 利 品 钓 园 术 瓷 魔 陶 法 益 动 戏 织
足 绘 营 放 松 趣 舞 击 游 棒 魔 陶 趣 击 游
益 可 艺 钓 质 量 猎 球 击 绘 摄 鱼 法 法 远
焦 糖 可 缝 活 椰 画 画 针 影 远 甜 读 阅 球
抗 氧 化 剂 味 道 子 暇 绘 针 棒 蜜 利 狩 动 能
猎 技 陶 游 美 缝 球 狩 潜 的 艺 魔 瓷 拼
乐 织 棒 远 篮 乐 露 乐 绘 趣 击 棒 织 陶 舞
图 钓 舞 图 艺 魔 阅 读 松 拼 钓 远 放 乐 跳
缝 技 纫 利 益 营 益 利 缝 放 游 针 技 织 活 陶
苦 戏 松 游 篮 戏 益 魔 工 糖 果 松 品 画 鱼 阅
技 园 缝 活 渴 鱼 法 露 趣 拼 松 乐 缝 花 纫 棒
最 喜 欢 的 望 利 钓 游 棒 戏 拼 技 拳 生 绘 暇

抗氧化剂   甜蜜的
花生   异国情调
香气   味道
渴望   成分
可可   椰子
卡路里   最喜欢的
糖果   质量
焦糖   食谱
美味

18 - Guida

瓷 魔 趣 执 狩 陶 工 足 汽 拳 猎 安 能 纫 阅 放
动 猎 拼 照 松 狩 球 瓷 车 针 击 全 动 魔 猎 图
警 察 气 体 隧 织 篮 棒 舞 影 图 远 画 露 能 绘
影 击 法 球 道 魔 总 放 术 跳 针 趣 戏 能 法 暇
图 猎 游 危 拳 摩 线 工 工 潜 利 趣 利 露 跳
钓 瓷 狩 跳 险 托 潜 法 瓷 艺 地 利 狩 舞 篮 钓
品 远 燃 篮 动 车 速 度 品 陶 足 图 阅 球 园 营
乐 球 料 狩 行 益 影 画 术 暇 织 画 路 刹 乐 营
营 织 园 远 人 益 远 戏 活 营 动 球 园 车 纫 营
猎 织 远 图 织 园 纫 园 画 陶 艺 图 法 能 魔 阅
针 拼 法 事 鱼 能 画 术 松 篮 猎 影 戏 潜 摄 潜
营 影 绘 品 故 猎 品 松 陶 远 鱼 松 球 舞 品 放
缝 针 暇 运 输 足 画 鱼 缝 车 库 画 舞 纫 影 画
松 营 图 法 园 击 陶 陶 营 潜 拼 工 法 图 画 舞
活 陶 交 通 拼 拼 摄 品 影 品 纫 趣 动 放 戏 露
远 狩 缝 影 活 动 乐 读 针 篮 工 营 拼 缝 马 达

汽 车
总 线
燃 料
刹 车
车 库
气 体
事 故
执 照
地 图
摩 托 车

马 达
行 人
危 险
警 察
安 全
交 通
运 输
隧 道
速 度

19 - I Media

摄 乐 摄 工 露 阅 暇 棒 品 法 魔 拳 潜 跳 阅 读
钓 拳 戏 业 图 放 知 识 分 子 钓 篮 园 图 针 拼
利 沟 通 活 远 络 网 游 资 数 乐 潜 暇 法 教 绘
棒 击 舞 营 本 地 个 上 金 字 潜 跳 足 舞 育 足
瓷 针 阅 放 绘 园 人 魔 画 潜 跳 拼 园 球 能 影
动 营 棒 收 技 鱼 术 拳 照 片 趣 报 品 动 织 鱼
读 舞 阅 音 篮 棒 阅 击 画 潜 趣 针 纸 动 松
图 益 暇 机 足 术 画 营 影 拳 篮 法 织 艺
击 露 摄 阅 意 见 露 松 读 球 戏 拳 广 足 远
影 营 利 益 绍 实 跳 法 态 园 戏 游 跳 告 读 工
品 缝 活 狩 事 视 露 松 度 益 动 球 营 读 阅 击
活 拳 摄 益 电 针 能 篮 钓 暇 潜 拳 魔 暇 球 织
戏 乐 击 放 戏 营 拳 乐 绘 潜 露 篮 跳 术 舞 戏 画
品 远 图 能 暇 针 钓 绘 戏 露 露 跳 工 狩 魔
趣 园 跳 纫 营 艺 松 戏 鱼 狩 露 织 法 狩 瓷 读
狩 技 益 缝 品 缝 术 击 露 志 拼 利 魔 篮 猎 猎

态度
沟通
数字
教育
事实
资金
照片
报纸
个人
工业

知识分子
本地
网上
意见
广告
收音机
网络
杂志
电视

轨 物 理 钓 中 读 益 速 画 绘 动 工 拳 动 游 击
乐 道 发 现 央 绘 针 度 放 绘 绘 足 园 利 棒 乐
营 缝 露 针 棒 能 篮 扩 棒 活 拼 动 鱼 戏 园 放
猎 魔 园 影 放 动 瓷 张 拼 游 足 量 重 游 拳 术
猎 远 艺 绘 摄 趣 张 乐 法 足 工 动 戏 活 艺 鱼
园 摄 戏 艺 跳 艺 魔 技 潜 工 摄 态 拳 瓷 松
陶 乐 棒 露 针 拼 暇 暇 营 趣 瓷 能 利 跳 远
放 棒 术 狩 图 露 工 魔 技 图 运 动 艺 放 营
活 阅 魔 松 活 猎 轴 击 鱼 缝 陶 钓 针 缝 篮
戏 利 纫 织 猎 鱼 阅 压 画 陶 放 陶 动 暇
时 间 猎 舞 品 力 足 力 星 磁 性 拳 摩 摄
陶 利 图 篮 松 鱼 学 戏 行 图 距 影 阅 擦
球 拳 陶 足 游 拼 影 松 拼 离 活 响 活 放
猎 猎 普 遍 的 针 远 钓 能 远 舞 工 绘 影
织 缝 品 暇 舞 纫 拼 园 园 陶 活 利 远 技
利 益 拼 球 动 能 棒 工 游 摄 拳 术 画 读 营 钓

摩擦	轨道
中央	重量
动态	行星
距离	压力
扩张	发现
物理	动量
影响	时间
磁性	普遍的
力学	速度
运动	

21 - Sport

篮 游 循 环 术 技 拳 运 力 狩 读 跳 针 钓 跳 魔
绘 针 足 纫 饮 远 能 动 耐 量 健 康 画 猎 舞 营
游 技 瓷 绘 舞 食 力 员 拳 瓷 跳 营 游 棒 戏 篮
魔 瓷 营 针 织 魔 拼 画 影 园 击 戏 瓷 法 钓 动
针 绘 跳 艺 乐 园 暇 技 阅 趣 棒 技 品 趣 球 绘
骨 头 拳 画 露 跑 足 游 狩 最 大 化 肌 肉 能 营
阅 魔 趣 魔 艺 步 游 瓷 利 棒 品 乐 阅 图 工 戏
跳 乐 鱼 读 技 乐 能 猎 击 利 心 足 法 暇 术
松 营 图 工 针 工 拼 击 拼 针 法 血 暇 拳 活 活
跳 能 纫 游 能 读 活 趣 动 营 教 管 体 益 术 瓷
图 瓷 读 球 画 球 活 利 程 养 画 练 育 活 画 图
品 法 趣 画 游 园 工 棒 序 猎 拳 舞 绘 法 游 乐
工 放 益 拼 图 摄 活 击 能 篮 法 拳 画 篮 影 针
品 戏 工 陶 远 营 益 狩 读 戏 击 读 放 球 品 猎
园 戏 术 趣 工 身 体 足 术 陶 代 谢 目 艺 绘 缝
趣 放 足 画 拳 缝 魔 动 游 利 品 园 标 营 园 营

教练
运动员
能力
心血管
循环
身体
跳舞
饮食量
力量
跑步

最大化
代谢
肌肉
营养
目标
骨头
程序
耐力
健康
体育

魔	拼	益	鸵	乐	松	织	舞	瓷	动	阅	工	棒	松	鱼	纫
画	击	技	鸟	工	篮	远	摄	魔	钓	益	猎	棒	缝	工	术
棒	图	棒	缝	读	舞	陶	阅	篮	动	拼	术	狩	法	松	乐
营	篮	绘	球	天	工	拼	暇	影	拼	鸭	球	品	舞	舞	猎
摄	利	潜	艺	技	鹅	针	潜	击	魔	摄	织	游	棒	陶	鱼
苍	针	钓	鹳	击	企	针	缝	园	拳	鱼	舞	读	钓	跳	戏
鹭	火	瓷	杜	鹃	技	动	棒	魔	绘	益	游	棒	舞	阅	麻
远	烈	趣	陶	益	鸥	拳	针	术	松	猎	足	钓	拼	跳	雀
放	鸟	嘴	巨	利	营	趣	艺	松	蛋	益	摄	鱼	阅	术	拼
鸽	子	画	摄	放	足	孔	雀	拼	潜	画	活	鹦	游	工	工
钓	魔	园	松	能	织	纫	篮	棒	品	能	工	陶	鹉	织	缝
瓷	瓷	缝	鹰	瓷	营	拳	舞	松	猎	能	工	利	读	狩	趣
趣	球	影	头	游	能	工	技	活	画	鹈	工	针	松	潜	魔
阅	织	趣	猫	棒	鹅	棒	术	针	钓	鹕	品	营	跳	活	放
篮	篮	读	露	陶	绘	钓	魔	篮	魔	技	乐	趣	戏	瓷	钓
潜	乐	品	钓	鱼	拼	猎	织	法	能	魔	舞	益	鸡	放	绘

苍鹭
天鹅
杜鹃
火烈鸟
猫头鹰
鹦鹉
麻雀

孔雀
鹈鹕
鸽子
企鹅
鸵鸟
巨嘴鸟

23 - Giorni e Mesi

园乐七影品二月织品绘针缝游魔游艺
拳猎潜月周篮二狩钓拼摄日针图缝艺
松画术工纫利十动放图松历足戏能魔
星影跳远织工松魔画十一月球狩篮远
能期十月针陶活能篮技活图影拼园击
能织三年魔针品露图营术乐暇游潜绘
活趣一日舞趣魔舞暇图画摄趣图游利织
能技星期六活魔动暇戏园活瓷放园鱼
鱼潜技星影放术狩技狩织拳品瓷暇
戏棒能松鱼乐九月舞钓动乐潜钓魔游
图乐四月瓷球跳拳钓摄放八露篮一露
露趣织狩露远篮活活益艺月足暇月图
动动拳舞乐魔足陶工读狩星期五露潜
艺鱼阅工缝技跳摄画放拼画趣园魔游
游织六月放利暇篮舞乐绘益利阅拳法
星期二读活潜足缝放园园足魔戏瓷针

八月　　　　　　星期一
四月　　　　　　星期二
日历　　　　　　星期三
十二月　　　　　十一月
星期日　　　　　十月
二月　　　　　　星期六
一月　　　　　　九月
六月　　　　　　星期五
七月

24 - Casa

足	拼	露	潜	棒	潜	舞	图	艺	瓷	影	鱼	游	远	扫	能
针	球	园	摄	阅	镜	钓	瓷	益	鱼	针	摄	动	球	帚	露
读	鱼	纫	跳	品	技	子	园	纫	利	拼	瓷	缝	游	织	
针	棒	魔	动	图	园	摄	品	球	陶	篮	钓	鱼	纫	绘	戏
拳	戏	趣	益	术	缝	营	瓷	魔	法	乐	魔	趣	织	球	活
窗	户	技	拳	缝	绘	陶	潜	舞	读	天	花	板	艺	陶	墙
球	陶	鱼	摄	露	潜	能	狩	品	魔	天	花	图	书	馆	地
画	能	摄	趣	技	利	法	艺	图	营	魔	园	益	跳	球	毯
园	活	壁	龙	潜	舞	拳	营	篮	游	缝	棒	击	能	篮	利
乐	趣	炉	头	游	园	利	灯	针	潜	足	艺	阅	拼	营	织
露	营	画	暇	棒	远	房	间	品	放	潜	能	品	舞	益	乐
画	纫	松	能	画	摄	厨	图	露	利	鱼	瓷	缝	织	利	拳
术	游	法	暇	活	棒	舞	屋	栅	栏	钓	利	陶	魔	淋	放
读	趣	纫	瓷	瓷	潜	纫	顶	地	益	绘	狩	术	瓷	浴	棒
阁	楼	狩	潜	趣	远	狩	瓷	板	术	松	纫	瓷	车	画	乐
阅	利	放	门	足	画	狩	松	露	技	击	猎	影	库	艺	活

阁楼
图书馆
房间
壁炉
厨房
淋浴
窗户
车库
花园

地板
栅栏
龙头
扫帚
天花板
镜子
地毯
屋顶

25 - Fantascienza

猎	法	术	击	猎	织	益	狩	拼	拼	乐	魔	画	缝	放	绘
松	棒	绘	影	拼	瓷	世	界	园	织	影	活	钓	球	缝	暇
益	棒	舞	织	远	瓷	错	未	钓	猎	绘	虚	艺	原	动	篮
园	篮	艺	纫	纫	法	觉	术	来	陶	魔	构	工	子	品	拳
机	器	人	电	火	艺	戏	舞	猎	派	狩	的	猎	钓	魔	画
品	鱼	放	园	影	星	陶	织	乐	远	狩	远	猎	摄	读	缝
狩	远	缝	舞	阅	系	露	阅	甲	骨	文	潜	戏	读	游	园
露	球	能	动	品	球	法	狩	艺	图	利	魔	爆	炸	阅	露
钓	松	工	缝	松	神	秘	狩	益	暇	技	营	画	品	法	织
行	术	品	拳	活	动	松	益	端	读	暇	足	品	织	营
星	狩	趣	拼	篮	戏	暇	趣	纫	篮	术	魔	击	球	场	棒
绘	营	松	针	潜	书	籍	猎	露	暇	击	放	利	织	拳	景
乐	魔	戏	松	乐	戏	园	露	能	艺	艺	游	图	棒	拼	篮
园	针	露	工	术	术	拼	阅	球	跳	陶	活	棒	图	篮	魔
纫	技	绘	活	戏	趣	瓷	术	拼	影	能	图	球	乐	品	园
魔	术	狩	绘	趣	克	隆	反	乌	托	邦	托	乌	园	足	足

原子　　　　　　　　　书籍
电影　　　　　　　　　神秘
克隆　　　　　　　　　世界
反乌托邦　　　　　　　甲骨文
爆炸　　　　　　　　　行星
极端　　　　　　　　　机器人
未来派　　　　　　　　场景
星系　　　　　　　　　技术
错觉　　　　　　　　　乌托邦
虚构的

26 - Città

面	包	店	大	学	摄	活	动	松	读	针	园	拼	缝	击	棒
图	松	药	针	绘	趣	击	远	绘	乐	舞	品	绘	能	缝	利
益	放	狩	绘	活	阅	法	营	鱼	瓷	猎	拼	工	益	击	猎
拼	棒	乐	工	松	阅	放	织	银	乐	击	舞	缝	工	益	织
品	击	远	活	画	戏	鱼	击	行	跳	品	阅	舞	针	书	店
游	园	跳	瓷	趣	技	暇	拼	钓	拼	趣	阅	活	球	篮	酒
动	暇	读	博	拳	纫	画	乐	舞	阅	纫	益	动	物	园	利
陶	市	益	物	球	益	击	廊	营	魔	戏	舞	远	缝	瓷	工
机	场	园	馆	书	图	篮	纫	拳	园	图	戏	绘	猎	园	篮
阅	场	育	体	益	学	校	电	花	放	猎	技	露	影	狩	图
钓	读	市	营	放	缝	图	影	店	画	跳	读	诊	图	影	鱼
狩	影	趣	级	棒	技	剧	院	游	猎	工	工	所	术	阅	瓷
潜	读	绘	园	超	工	织	艺	阅	利	益	球	画	术	露	艺
影	瓷	陶	技	阅	阅	拼	远	纫	瓷	暇	活	缝	舞	鱼	绘
狩	动	拳	松	营	艺	鱼	营	鱼	法	棒	能	拳	商	图	营
活	松	瓷	缝	活	动	动	活	利	园	猎	读	跳	店	趣	针

机场	市场
银行	博物馆
图书馆	商店
电影	面包店
诊所	学校
药店	体育场
花店	超级市场
画廊	剧院
酒店	大学
书店	动物园

27 - Fattoria #1

艺	篮	品	农	业	益	活	乐	影	陶	篮	潜	阅	潜	远	工
潜	画	棒	法	陶	戏	游	跳	利	动	趣	缝	球	狗	园	猎
魔	缝	动	潜	织	游	马	织	拼	牛	趣	放	猎	工	魔	拳
图	暇	驴	拳	活	阅	蜂	读	艺	品	营	远	动	篮	拳	法
工	松	钓	读	园	阅	蜜	益	跳	拼	活	能	能	法	棒	猪
肥	钓	缝	图	艺	放	鱼	小	干	阅	法	阅	松	舞	摄	鱼
料	远	领	域	阅	图	米	腿	草	拳	绘	园	篮	绘	棒	法
拼	技	幼	法	暇	技	篮	艺	能	跳	鱼	篮	游	乐	术	品
羊	群	阅	技	摄	露	针	魔	阅	针	瓷	织	击	营	水	园
绘	猫	摄	足	足	游	动	远	拳	阅	舞	阅	松	乐	足	猎
山	潜	利	针	栅	栏	露	陶	猎	影	瓷	拳	技	营	艺	工
足	羊	益	活	能	术	能	园	影	棒	画	鸡	活	影	绘	舞
潜	乐	术	戏	技	品	园	针	图	动	球	击	球	拳	暇	利
法	跳	棒	跳	影	戏	跳	术	球	蜜	蜂	松	露	缝	陶	技
益	针	法	品	影	织	营	绘	钓	潜	幼	球	读	潜	篮	棒
篮	狩	工	种	子	暇	动	幼	读	足	影	图	针	活	狩	营

农业
蜜蜂
领域
山羊
肥料
干草

羊群
蜂蜜
栅栏
种子
小腿

28 - Psicologia

评	潜	拼	远	影	响	绘	篮	品	艺	影	工	利	露	纫	球
估	陶	阅	舞	动	针	织	鱼	工	戏	戏	潜	摄	趣	瓷	活
工	乐	戏	绘	营	远	缝	球	能	足	活	图	足	园	跳	织
狩	能	潜	品	跳	猎	益	舞	绘	松	工	图	猎	足	拳	戏
露	工	织	魔	瓷	魔	读	画	园	纫	狩	拼	针	松	球	纫
陶	纫	影	读	感	经	验	拼	拳	技	读	舞	陶	潜	戏	跳
陶	法	魔	猎	觉	读	趣	钓	能	情	图	术	感	冲	突
工	利	能	猎	动	放	放	松	术	绪	远	影	画	知	读	舞
影	瓷	戏	读	想	法	童	梦	园	动	魔	益	猎	钓	游	术
游	读	工	图	击	现	年	想	利	针	放	影	游	陶	行	为
个	自	我	针	阅	针	实	远	钓	益	术	暇	拳	松	品	瓷
性	法	篮	瓷	狩	远	足	图	活	乐	瓷	品	织	动	趣	品
足	舞	工	潜	影	足	动	能	动	能	认	阅	戏	活	法	放
园	陶	瓷	乐	摄	松	术	治	动	工	识	猎	球	鱼	针	远
法	潜	戏	摄	鱼	魔	戏	疗	问	题	意	意	技	临	画
放	魔	营	营	法	乐	营	图	织	棒	潜	纫	无	营	狩	床

临床
认识
行为
冲突
自我
情绪
经验
想法
无意识
童年

影响
感知
个性
问题
现实
感觉
梦想
潜意识
治疗
评估

29 - Paesaggi

松 工 远 针 瓷 球 山 谷 园 放 拳 篮 远 纫 冰 山
猎 棒 纫 艺 苔 游 火 钓 陶 园 读 园 活 利 术 跳
拼 露 画 法 原 益 棒 园 针 益 绘 远 织 球 趣 益
法 艺 瓷 图 远 瓷 游 织 术 工 潜 游 球 能 针 工
球 画 球 鱼 鱼 跳 益 暇 益 魔 篮 针 鱼 技 湖 纫
园 益 棒 舞 品 球 读 法 营 猎 沼 摄 阅 猎 针 影
猎 沙 丘 影 潜 益 利 棒 活 利 品 泽 远 阅 岛 半
滩 影 鱼 技 品 纫 舞 露 园 拼 技 动 间 乐 戏 钓
海 洋 洞 跳 瀑 露 技 能 拼 暇 动 露 技 歇 瓷 园
织 技 穴 利 布 球 园 动 读 术 针 戏 织 图 泉 棒
摄 狩 趣 营 冰 缝 缝 狩 击 图 舞 钓 技 品 绿 山
画 暇 能 图 川 画 益 阅 能 足 猎 乐 利 足 洲 纫
戏 松 能 篮 读 足 拳 游 园 技 鱼 动 足 放 缝
影 品 营 艺 河 织 钓 活 松 读 动 沙 潜 动 钓
活 拼 针 潜 营 营 跳 能 戏 暇 暇 漠 戏 跳 动
园 利 击 魔 画 松 织 远 舞 足 露 松 营 跳 阅 狩

瀑布
沙漠
沙丘
间歇泉
冰川
洞穴
冰山
绿洲

海洋
沼泽
半岛
海滩
苔原
山谷
火山

30 - Energia

```
涡 轮 能 放 针 工 足 钓 能 戏 瓷 瓷 动 核 趣 技
跳 柴 油 益 瓷 益 法 乐 动 园 钓 影 舞 绘 缝 露
摄 拼 品 摄 瓷 缝 陶 品 狩 法 马 达 舞 猎 缝 技
摄 阅 猎 利 缝 术 鱼 猎 球 拼 氢 远 戏 鱼 画 乐
艺 鱼 摄 画 跳 鱼 乐 篮 魔 篮 能 读 动 露 画 钓
工 技 舞 阅 魔 舞 缝 放 篮 缝 热 跳 放 魔 趣 风
松 魔 能 绘 钓 戏 影 技 摄 画 拳 松 棒 暇 拳 工
钓 足 远 针 缝 暇 陶 法 瓷 篮 针 能 环 趣 猎 露
棒 益 能 艺 足 棒 织 技 戏 影 碳 园 境 鱼 趣 松
读 远 园 纫 缝 画 能 利 营 术 游 再 益 园 益 园
技 松 品 跳 魔 营 电 足 动 远 摄 生 鱼 放 法 露
技 暇 鱼 益 松 狩 子 摄 动 能 技 舞 电 织 图 狩
潜 熵 术 球 画 露 法 针 能 工 露 工 汽 池 污 猎
园 击 舞 法 纫 远 狩 钓 动 潜 法 油 蒸 染 营
阅 阅 读 远 足 园 摄 潜 动 织 拼 光 工 拼 阅
活 摄 击 足 跳 园 陶 潜 戏 艺 燃 料 子 业 技 园
```

环境
电池
汽油
燃料
柴油
电子
光子

工业
污染
马达
再生
涡轮
蒸汽

31 - Ristorante #2

园	冰	活	拼	缝	利	露	乐	品	乐	戏	工	足	汤	篮	益
益	陶	营	钓	营	摄	鱼	拼	动	画	图	能	瓷	益	摄	缝
乐	钓	法	瓷	绘	猎	舞	盐	跳	陶	工	画	影	艺	缝	技
钓	蛋	露	术	园	足	瓷	游	法	品	舞	乐	潜	陶	美	味
陶	糕	绘	拳	跳	画	能	叉	拼	球	技	纫	晚	餐	棒	露
术	术	艺	篮	动	乐	法	钓	子	放	织	纫	鱼	工	钓	拼
足	图	足	棒	球	利	瓷	陶	勺	沙	法	跳	狩	动	戏	工
篮	开	利	钓	潜	游	织	鱼	工	拉	摄	香	工	画	瓷	松
足	乐	胃	放	图	露	足	品	园	舞	织	料	篮	服	务	员
击	趣	松	菜	松	影	放	趣	影	钓	陶	纫	营	画	游	术
放	益	钓	瓷	钓	园	缝	乐	放	织	缝	暇	远	图	工	纫
阅	篮	园	活	乐	阅	暇	魔	技	暇	击	棒	拼	法	绘	跳
益	跳	摄	放	陶	瓷	鱼	饮	影	蔬	菜	跳	活	活	戏	技
椅	子	游	远	球	瓷	游	料	瓷	工	鱼	鱼	鱼	动	拳	阅
游	读	足	球	击	舞	篮	影	水	果	露	工	瓷	猎	读	影
鱼	图	阅	纫	影	阅	午	餐	跳	图	画	品	露	缝	猎	益

开胃菜   水果
饮料   沙拉
服务员   午餐
晚餐   椅子
勺子   香料
美味   蛋糕
叉子   蔬菜

32 - L'Azienda

专 益 收 园 营 园 拳 风 益 画 可 术 介 绍 创 意
业 利 棒 入 技 营 险 拳 针 能 性 戏 暇 乐 动 跳
的 图 棒 狩 摄 钓 暇 营 针 能 园 法 读 益 品 足 魔
新 放 游 趣 拼 险 活 针 鱼 声 远 拳 针 品 猎
创 猎 资 投 资 进 画 就 影 誉 远 趣 法 缝 利 读
阅 读 工 源 篮 远 暇 业 工 露 戏 足 松 园 画 球
舞 品 趣 纫 瓷 远 游 画 乐 趋 远 技 法 棒 击
画 舞 工 瓷 图 舞 远 钓 拳 势 画 位 艺 利 棒 术 质
绘 绘 读 击 远 放 放 潜 远 单 露 潜 能 决 量
营 营 击 影 球 趣 读 艺 趣 戏 鱼 品 纫 钓 球
松 针 趣 足 拼 陶 松 露 足 钓 鱼 技 击 定 产
缝 拳 游 远 益 品 术 影 影 钓 缝 技 艺 鱼 量 品
图 击 织 足 术 钓 术 魔 营 钓 球 击 产 动 瓷
鱼 拼 暇 球 球 猎 远 松 拼 活 活 舞 鱼 品 棒 乐
利 游 术 能 足 松 纫 篮 球 针 陶 乐 营
棒 图 拳 拳 读 远 球 动 篮 球 戏 营 工 术 营 乐

创意
决定
工业
创新的
投资
就业
可能性
介绍
产品
专业的

进展
质量
收入
声誉
风险
资源
工资
趋势
单位

33 - Giardino

画 松 树 松 绘 陶 拳 软 品 猎 品 棒 足 鱼 瓷 拳
足 乐 瓷 池 塘 潜 乐 管 活 露 技 球 草 平 拼 松
影 益 松 品 拳 影 栅 栏 灌 魔 狩 品 杂 台 花 松
艺 拳 草 读 游 土 壤 品 木 影 松 陶 能 足 花 潜
读 园 坪 动 图 耙 门 工 绘 技 拳 岩 石 活 放 园
能 陶 松 暇 魔 猎 廊 钓 舞 戏 技 术 拳 品 跳 果
图 狩 读 针 猎 戏 读 露 远 缝 棒 瓷 放 暇 技 露
拼 利 艺 动 戏 术 拳 缝 拼 钓 法 棒 画 魔 瓷 缝
艺 技 潜 放 技 猎 绘 读 动 缫 放 潜 摄 利 趣 读
狩 钓 品 针 缝 工 棒 纫 益 拳 缝 品 放 技 暇 技
图 瓷 拳 球 暇 陶 钓 游 术 益 活 暇 瓷 击 跳 鱼
摄 缝 法 蹦 远 远 趣 潜 动 篮 品 远 术 影 猎 击
跳 园 篮 床 园 暇 车 库 针 读 鱼 游 活 棒 摄 狩
瓷 利 阅 针 松 吊 法 摄 拳 铲 戏 艺 暇 动 瓷 篮
击 园 放 足 拼 织 床 针 纫 品 跳 趣 图 缝 能 绘
鱼 远 针 营 乐 球 法 织 术 瓷 营 缝 活 棒 品 益

34 - Riscaldamento Globale

拼	放	技	利	工	趣	陶	技	未	能	画	术	数	据	跳	瓷
绘	活	露	球	游	纫	动	读	来	源	绘	纫	人	口	术	戏
图	击	读	缝	魔	益	能	跳	松	绘	钓	针	棒	足	狩	能
利	魔	篮	瓷	露	趣	松	绘	阅	国	工	足	织	球	画	读
术	术	绘	阅	品	球	园	气	危	远	际	艺	动	潜	足	人
政	府	活	松	影	活	球	体	益	机	工	业	发	品	远	类
现	露	棒	松	鱼	露	跳	跳	陶	狩	营	猎	游	展	舞	纫
在	狩	摄	足	乐	舞	拳	陶	品	代	松	营	露	园	松	松
瓷	工	益	动	放	鱼	图	击	瓷	拼	击	读	钓	拳	钓	营
气	候	趣	阅	工	温	度	跳	利	活	趣	戏	舞	舞	钓	术
瓷	图	跳	读	益	利	击	鱼	足	魔	北	击	工	利	织	织
露	击	鱼	钓	术	钓	阅	益	足	品	极	狩	陶	鱼	艺	阅
纫	绘	活	科	技	能	益	瓷	拳	绘	环	境	的	趣	利	鱼
益	戏	跳	学	品	营	潜	法	影	园	击	击	狩	趣	园	绘
能	绘	能	家	动	棒	立	法	后	缝	魔	法	击	拳	狩	能
露	篮	活	图	球	影	魔	戏	果	工	艺	潜	魔	狩	绘	能

环境的
北极
气候
后果
危机
数据
能源
未来
气体
政府

工业
国际
立法
现在
人口
科学家
发展
温度
人类

35 - Frutta

足	浆	果	摄	绘	动	潜	篮	绘	猎	缝	益	梨	鱼	魔	营
游	工	针	狩	画	术	足	放	利	击	松	织	活	瓷	摄	动
纫	园	游	能	拼	远	画	瓷	工	利	杏	鳄	陶	拳	鱼	球
术	跳	击	篮	法	潜	棒	趣	术	乐	鱼	梨	游	篮	乐	缝
绘	潜	纫	拳	狩	击	工	击	拼	利	篮	绘	远	钓	品	瓜
缝	木	猎	暇	魔	瓷	摄	暇	营	画	苹	影	菠	覆	盆	子
工	瓜	品	针	趣	影	猎	利	拳	远	画	果	萝	黑	利	李
游	活	棒	拳	樱	桃	读	舞	园	法	摄	狝	猴	桃	莓	益
画	利	图	能	能	松	利	魔	舞	营	球	鱼	足	钓	缝	图
远	营	活	法	摄	潜	拼	放	葡	魔	猎	香	影	橙	色	画
猎	狩	跳	法	潜	品	绘	松	萄	放	缝	蕉	放	影	潜	针
工	魔	暇	动	趣	趣	油	桃	艺	动	棒	芒	果	鱼	桃	法
露	能	画	读	拳	足	织	品	能	工	技	术	柠	猎	鱼	品
拼	动	拳	法	园	猎	绘	艺	能	艺	鱼	织	读	檬	击	利
狩	织	拳	活	篮	远	潜	动	缝	针	戏	针	艺	远	戏	乐
瓷	缝	暇	击	工	营	足	篮	工	魔	图	读	摄	阅	术	读

菠萝
橙色
鳄梨
浆果
香蕉
樱桃
狝猴桃
覆盆子

柠檬
芒果
苹果
黑莓
油桃
木瓜
李子
葡萄

放	绘	营	牛	露	放	击	棒	瓷	活	动	工	法	游	舞	暇
品	舞	击	奶	缝	阅	纫	能	图	乐	游	读	陶	足	技	棒
球	游	品	谷	放	阅	阅	活	瓷	舞	放	放	缝	画	缝	狩
缝	钓	拼	仓	针	法	果	放	图	绘	舞	阅	棒	术	针	缝
活	术	绘	鸭	戏	玉	水	园	瓷	工	术	大	麦	足	魔	暇
缝	艺	瓷	松	动	米	动	物	牧	羊	人	小	动	游	棒
游	暇	魔	利	球	园	艺	舞	食	阅	击	动	技	技	画	远
跳	棒	舞	暇	农	织	拼	魔	益	读	跳	拼	狩	趣	篮	灌
法	鱼	图	影	民	拖	击	品	园	魔	织	趣	潜	击	球	溉
艺	猎	织	拼	拳	拉	画	松	画	艺	读	鹅	绘	美	洲	驼
纫	钓	松	露	缝	机	钓	鱼	篮	魔	戏	跳	阅	足	舞	术
猎	动	图	利	画	暇	魔	放	狩	动	鱼	魔	阅	缝	术	足
猎	法	艺	纫	读	利	利	鱼	阅	钓	利	肉	营	针	乐	拼
瓷	织	营	品	放	术	读	品	露	园	羊	暇	猎	活	法	阅
法	艺	趣	篮	纫	蔬	菜	跳	舞	猎	草	甸	工	潜	松	击
跳	艺	益	露	瓷	利	狩	艺	露	趣	影	瓷	暇	拼	足	瓷

羊肉
农民
动物
食物
谷仓
水果
果园
小麦
灌溉

美洲驼
牛奶
玉米
大麦
牧羊人
草甸
拖拉机
蔬菜

37 - Verdure

魔 读 篮 跳 阅 动 舞 潜 园 绘 利 影 拼 工 球 舞
艺 纫 拼 狩 艺 舞 织 击 工 球 技 跳 术 跳 朝 能
利 针 猎 纫 针 针 拳 露 潜 影 读 豌 艺 棒 鲜 猎
能 露 钓 暇 远 纫 香 放 跳 技 舞 姜 豆 园 蓟 游
拳 茄 番 营 纫 跳 菜 活 工 瓷 阅 潜 品 游 园 织
放 子 舞 放 图 放 利 露 摄 画 戏 能 芹 黄 瓜 南
影 阅 洋 法 狩 陶 舞 影 跳 魔 品 暇 菜 棒 鱼 纫
大 摄 葱 影 动 跳 猎 图 松 篮 活 菠 菜 画 影 活
魔 蒜 陶 缝 鱼 图 猎 土 缝 拳 摄 园 摄 读 影 松
绘 蘑 营 纫 戏 鱼 远 魔 豆 术 艺 缝 动 利 品 摄
营 菇 拼 图 击 松 陶 图 法 利 鱼 暇 瓷 瓷 戏 舞
戏 动 戏 画 乐 工 阅 沙 拉 瓷 读 园 戏 魔 乐 篮
潜 舞 胡 戏 舞 跳 术 球 乐 影 击 萝 卜 法 葱 营
动 拼 萝 绘 纫 艺 钓 舞 拼 术 松 放 技 绘 织 狩
画 击 卜 趣 暇 摄 营 摄 益 露 舞 棒 球 利 戏 趣
益 芜 菁 园 露 绘 瓷 动 西 兰 花 绘 球 品 露 戏

蒜
大 兰 花
西 鲜 蓟
朝 萝 卜
胡 瓜
黄 葱
洋 菇
蘑 拉
沙 子
茄

豆
土 茄 菁
豆 菜 卜 菜
豌 香 菜 菜
番 芜 瓜
萝 芹
菠
南

38 - Musica

狩	术	游	阅	松	动	利	猎	家	猎	录	放	乐	潜	法	影
谐	波	球	民	谣	远	麦	缝	剧	乐	音	魔	游	影	摄	针
缝	活	潜	乐	狩	鱼	克	摄	歌	益	音	摄	乐	读	读	狩
球	篮	篮	纫	松	阅	风	利	潜	远	击	鱼	益	图	拳	趣
活	乐	松	品	摄	篮	陶	游	阅	工	趣	品	纫	拳	古	艺
潜	游	纫	鱼	活	利	术	图	魔	棒	品	织	和	织	典	露
放	舞	图	戏	拳	益	击	能	绘	工	针	技	谐	拼	舞	图
工	绘	影	动	跳	击	节	击	乐	诗	益	拳	钓	工	篮	游
游	利	针	乐	舞	击	球	奏	拳	意	歌	手	术	能	抒	法
跳	工	读	拼	纫	品	读	拼	活	狩	足	画	针	游	情	营
松	摄	游	足	阅	速	园	动	摄	戏	读	潜	舞	针	钓	松
品	拼	放	魔	潜	度	仪	器	技	鱼	击	乐	松	魔	针	球
旋	棒	声	篮	能	活	足	工	舞	园	拼	魔	艺	钓	艺	绘
益	律	乐	篮	纫	击	游	专	益	鱼	舞	拼	纫	篮	戏	鱼
法	乐	乐	摄	舞	能	瓷	辑	图	狩	棒	潜	能	远	动	织
暇	品	影	戏	技	戏	纫	动	技	缝	唱	合	钓	动	拼	图

专辑　　　　　　　音乐剧
和谐　　　　　　　音乐家
谐波　　　　　　　歌剧
民谣　　　　　　　诗意
歌手　　　　　　　录音
古典　　　　　　　节奏
合唱　　　　　　　仪器
抒情　　　　　　　速度
旋律　　　　　　　声乐
麦克风

39 - Barbecue

园	利	织	潜	游	针	露	益	松	胡	拼	球	法	绘	营	陶
猎	拳	球	法	戏	品	织	猎	影	椒	营	洋	葱	暇	戏	松
盐	技	钓	鱼	狩	狩	击	戏	营	瓷	音	篮	益	缝	绘	鱼
品	影	击	画	酱	能	游	纫	暇	松	潜	乐	营	远	篮	篮
乐	图	远	击	阅	图	钓	跳	魔	戏	法	画	热	鱼	潜	击
织	魔	瓷	刀	击	球	园	缝	乐	魔	趣	活	拳	远	针	游
园	露	蔬	动	狩	针	利	摄	织	饥	饿	陶	食	物	术	动
潜	水	菜	陶	图	动	戏	活	纫	法	园	织	拳	足	动	影
能	果	营	纫	园	图	读	棒	读	钓	击	家	庭	暇	法	棒
绘	绘	术	露	动	瓷	沙	拉	棒	远	图	拳	暇	狩	潜	工
纫	鸡	艺	纫	狩	阅	活	放	摄	晚	足	缝	艺	猎	工	工
鱼	能	阅	法	放	工	游	击	针	餐	益	球	钓	艺	戏	品
工	园	拳	阅	摄	陶	摄	益	影	缝	午	法	工	击	夏	舞
营	棒	趣	潜	放	营	技	钓	拳	影	能	术	技	图	天	猎
针	织	烧	术	织	益	钓	织	舞	图	法	露	拼	益	陶	放
钓	活	烤	园	放	狩	法	游	番	茄	鱼	猎	舞	远	棒	足

晚餐
食物
洋葱
夏天
饥饿
家庭
水果
游戏

烧烤
沙拉
音乐
胡椒
番茄
午餐
蔬菜

40 - Insetti

园	蛾	织	钓	缝	能	露	击	篮	利	益	品	瓷	图	放	击
趣	工	摄	针	跳	陶	纫	远	陶	利	戏	绘	读	活	摄	鱼
蚊	子	术	狩	蜻	蚤	术	蚂	击	放	舞	棒	蝉	黄	蜂
蚜	技	技	针	蜓	魔	游	蚁	拳	动	潜	狩	趣	图	益	松
图	暇	陶	拼	击	猎	纫	暇	园	园	拳	足	艺	绘	缝	鱼
读	潜	钓	针	鱼	松	影	趣	戏	营	工	猎	戏	跳	陶	远
艺	织	螳	跳	棒	松	园	缝	足	猎	猎	法	魔	暇	品	瓷
猎	钓	螂	放	乐	趣	针	潜	法	球	术	针	狩	球	鱼	益
跳	瓷	蟑	钓	乐	蚱	跳	图	狩	球	织	利	舞	术	露	能
鱼	瓷	艺	工	击	蜢	读	蜜	蜂	大	黄	蜂	艺	绘	画	益
术	艺	拳	游	幼	动	远	蝴	蝶	篮	棒	瓷	击	舞	利	游
能	击	利	蠕	虫	虫	动	游	舞	针	瓢	画	白	蚁	拳
拼	拼	放	戏	甲	鱼	篮	魔	游	趣	绘	虫	缝	松	露	放
陶	术	艺	暇	远	松	陶	趣	技	技	园	艺	绘	阅	技	游
足	潜	戏	舞	游	影	游	动	图	拳	摄	图	绘	术	暇	陶
篮	拼	拳	针	瓷	读	瓷	纫	术	动	能	篮	潜	陶	狩	纫

蜜蜂	蜻蜓
大黄蜂	螳螂
蚱蜢	跳蚤
瓢虫	蟑螂
甲虫	白蚁
蝴蝶	蠕虫
蚂蚁	黄蜂
幼虫	蚊子

41 - Fisica

技	狩	瓷	技	松	放	趣	击	摄	分	球	品	足	篮	潜	猎
混	织	密	趣	织	松	纫	阅	工	子	技	钓	暇	舞	游	戏
跳	乱	度	重	戏	利	画	针	潜	松	钓	能	暇	猎	潜	纫
鱼	度	速	力	摄	跳	潜	利	动	放	狩	法	暇	远	松	戏
球	图	加	绘	棒	足	画	织	狩	松	戏	暇	摄	棒	拳	钓
品	乐	品	营	缝	潜	针	法	乐	钓	营	品	魔	球	电	拼
气	体	纫	频	营	纫	品	相	营	营	图	击	扩	艺	技	子
魔	针	织	率	原	园	阅	对	利	法	营	力	张	法	舞	球
园	磁	性	游	子	潜	戏	论	针	粒	子	学	艺	篮	趣	游
猎	击	织	瓷	暇	利	缝	读	术	品	引	织	趣	动	钓	游
公	式	绘	潜	钓	篮	纫	化	学	的	擎	绘	瓷	潜	核	阅
放	暇	纫	技	术	乐	篮	松	园	术	遍	益	法	潜	狩	技
戏	影	纫	舞	狩	读	鱼	戏	动	阅	放	普	织	球	潜	能
读	戏	潜	松	足	潜	影	击	能	钓	鱼	阅	足	品	纫	读
画	影	利	乐	舞	放	球	影	击	魔	舞	缝	瓷	工	品	活
松	织	工	艺	绘	钓	活	技	图	趣	击	击	工	活	棒	工

加速度   重力
原子   磁性
混乱   力学
化学的   分子
密度   引擎
电子   粒子
扩张   相对论
公式   普遍的
频率   速度
气体

戏 魔 益 农 品 利 魔 乐 术 缝 织 拳 鱼 篮 蔬 乡
纫 术 放 业 钓 潜 绘 读 趣 针 球 摄 缝 技 菜 村
乐 能 猎 阅 篮 水 食 利 狩 阅 益 营 鱼 术 园 的
跳 拳 拼 远 棒 拳 物 利 阅 益 法 动 法 趣 足 鱼
影 能 摄 技 狩 画 棒 缝 暇 陶 法 术 钓 狩 狩 纫
魔 足 拼 足 生 松 潜 瓷 活 趣 远 工 舞 狩 品
植 物 戏 营 产 陶 摄 织 利 魔 放 园 品 品 鱼
狩 肥 料 环 境 利 摄 露 拼 魔 跳 潜 潜 织 影
读 摄 跳 露 益 拼 利 瓷 球 鱼 织 放 工 研 究
缝 远 瓷 生 技 污 篮 动 土 技 术 趣 钓 读 拼
品 阅 能 态 潜 园 染 摄 壤 趣 暇 能 棒 舞 织
园 趣 松 学 疾 露 远 系 营 能 足 游 远 种 子
利 足 露 击 病 棒 缝 科 工 拳 园 能 松 侵 魔
图 游 篮 篮 猎 陶 术 学 拳 棒 狩 乐 源 蚀 狩
技 松 法 魔 戏 术 园 针 有 趣 鱼 瓷 松 图 魔
潜 拳 鱼 艺 法 艺 营 缝 利 跳 绘 放 阅 远 棒 魔

农业
环境
食物
生态学
能源
侵蚀
肥料
污染
疾病
有机

植物
生产
研究
乡村的
科学
种子
系统
土壤
蔬菜

43 - Erboristeria

能	马	潜	罗	陶	品	跳	趣	花	红	藏	摄	成	拼	术	拳
园	纫	郁	勒	远	游	瓷	足	狩	织	织	分	织	钓	艺	远
莳	萝	狩	兰	球	远	营	棒	薰	棒	术	利	图	缝	艺	利
动	露	舞	图	鱼	舞	狩	动	衣	动	织	图	暇	能	阅	足
画	营	龙	魔	活	图	乐	拼	草	阅	迷	游	术	摄	阅	松
潜	法	蒿	乐	绿	色	牛	动	术	送	陶	营	工	拼	拼	钓
鱼	陶	舞	戏	球	钓	至	绘	画	香	绘	戏	足	品	乐	缝
织	缝	狩	远	拳	技	拼	魔	摄	动	魔	能	趣	影	乐	松
游	益	猎	戏	放	摄	利	狩	纫	动	园	香	菜	活	拼	钓
阅	跳	织	鱼	烹	饪	阅	营	读	放	跳	茴	里	能	画	放
暇	跳	缝	营	画	篮	篮	质	游	游	能	拳	棒	百	动	术
猎	潜	魔	球	魔	趣	能	狩	量	园	园	狩	利	棒	画	露
芳	香	法	鱼	绘	读	活	瓷	舞	薄	摄	放	织	猎	花	陶
利	击	能	鱼	摄	舞	能	图	放	荷	钓	戏	远	球	园	棒
工	术	织	图	艺	露	狩	钓	读	影	猎	艺	动	松	品	猎
松	益	工	绘	针	利	针	营	缝	舞	动	术	大	蒜	园	园

大蒜
莳萝
芳香
罗勒
烹饪
龙蒿
茴香
花园
成分
薰衣草

马郁兰
薄荷
牛至
香菜
质量
迷迭香
百里香
绿色
藏红花

44 - Biologia

狩	舞	戏	绘	游	法	拳	利	缝	解	魔	潜	自	游	园	陶
狩	舞	益	读	暇	园	球	露	钓	剖	织	织	舞	然	艺	球
足	益	钓	缝	阅	活	工	摄	细	学	球	法	能	瓷	猎	工
远	技	钓	画	读	拼	击	胚	菌	拼	猎	暇	击	瓷	读	园
击	技	营	露	狩	动	露	胎	酶	进	狩	游	跳	画	染	园
拳	松	园	棒	术	猎	蛋	球	化	阅	利	钓	棒	色	织
暇	拳	神	经	共	图	白	突	触	露	放	纫	摄	戏	体	纫
影	营	织	缝	读	生	质	足	营	击	画	动	活	益	阅	舞
足	暇	影	摄	舞	篮	影	画	影	品	画	棒	陶	狩	园	魔
狩	击	活	艺	艺	鱼	益	陶	激	素	趣	绘	读	读	技	跳
棒	露	渗	透	细	胞	松	读	远	胶	画	艺	舞	猎	足	舞
露	织	爬	戏	舞	能	鱼	阅	拼	原	露	拼	动	利	画	露
瓷	露	行	光	合	作	用	神	魔	拳	趣	舞	棒	放	利	戏
法	物	动	乳	哺	工	狩	经	动	读	狩	艺	摄	趣	拳	瓷
缝	艺	物	突	变	棒	缝	元	园	活	露	松	法	能	乐	跳
拼	钓	法	乐	游	读	艺	远	戏	露	潜	拼	读	棒	图	篮

解剖学	自然
细菌	神经
细胞	神经元
胶原	激素
染色体	渗透
胚胎	蛋白质
进化	爬行动物
光合作用	共生
哺乳动物	突触
突变	

45 - Attività Commerciale

猎	放	摄	营	乐	影	织	乐	击	绘	活	猎	瓷	狩	拳	露
乐	潜	艺	针	乐	阅	猎	纫	利	暇	瓷	猎	益	戏	针	钓
击	鱼	戏	篮	击	品	营	暇	跳	润	影	摄	货	工	金	融
活	缝	动	投	鱼	办	公	室	技	品	游	跳	币	厂	营	松
陶	鱼	阅	资	拼	足	缝	画	魔	钓	露	足	魔	远	动	工
技	针	潜	术	画	暇	击	技	动	阅	影	缝	鱼	游	钓	艺
陶	猎	针	术	潜	摄	鱼	影	猎	暇	潜	拳	公	司	画	鱼
魔	织	潜	瓷	活	读	戏	园	魔	戏	工	品	益	商	图	击
放	职	业	生	涯	收	潜	远	钓	潜	员	棒	鱼	店	工	棒
艺	艺	鱼	跳	狩	入	暇	陶	魔	活	工	鱼	松	跳	工	交
缝	工	游	魔	能	缝	经	棒	品	放	画	棒	游	能	猎	易
艺	成	放	击	拼	销	活	济	狩	摄	能	击	松	法	球	技
利	本	松	钱	雇	售	瓷	品	学	球	松	乐	跳	舞	击	暇
露	针	钓	阅	主	猎	画	足	篮	魔	陶	拳	松	露	摄	放
技	预	绘	折	拳	品	魔	击	篮	击	织	猎	乐	猎	击	暇
钓	算	跳	扣	拳	松	织	乐	绘	工	术	针	猎	益	摄	猎

预算	商店
职业生涯	利润
成本	收入
雇主	折扣
员工	公司
经济学	交易
工厂	办公室
金融	货币
投资	销售
商品	

46 - Fiori

法钓足潜玉营阅游露棒工法营园益松
瓷织摄暇兰魔益针摄松绘瓷工潜缝狩
图牡丹击球芙法能拳能球摄缝针魔潜球
栀子花拼活蓉戏园球趣猎画魔缝潜跳
营趣摄益击摄向园益画艺缝摄技
西番莲游绘活阅游玫画绘球松游
缝舞工蒲工击瓷针营织瑰球鱼园乐
舞品图公猎钓益葵球松远动猎能
郁金香英画缝三叶草艺法狩工艺
法远瓷钓针纫法读技品品狩远
瓷游术瓷放工营狩暇棒缝品拼益
园针技动法束雏菊趣击鱼画狩
松跳百瓷动法花球远陶法魔水暇
露球暇合粟戏莉薰衣草露狩营仙拳
画松篮拼能游利花兰缝针鱼画花狩
足足篮读术魔拳鱼绘足活工针金盏花

金盏花   花束
蒲公英   水仙花
栀子花   兰花
茉莉花   罂粟
百合   西番莲
向日葵   牡丹
芙蓉   花瓣
薰衣草   玫瑰
玉兰   三叶草
雏菊   郁金香

47 - Discipline Scientifiche

活	狩	动	利	猎	击	狩	园	趣	地	技	足	舞	陶	生	工
阅	能	足	工	球	拼	远	艺	拳	质	社	会	学	态	松
缝	露	狩	篮	阅	拼	狩	技	暇	乐	击	学	疫	免	学	技
品	艺	舞	远	图	舞	工	针	舞	篮	远	剖	物	趣	物	游
摄	图	艺	鱼	画	能	益	舞	乐	影	篮	解	潜	生	植	猎
拳	艺	击	狩	摄	暇	放	动	品	潜	阅	足	乐	篮	纫	足
绘	能	阅	读	趣	瓷	潜	舞	摄	球	缝	绘	影	法	法	戏
热	力	学	象	气	远	戏	游	潜	暇	能	远	化	学	经	神
技	棒	化	鱼	益	图	针	球	拳	篮	影	术	营	古	放	舞
游	放	物	技	品	放	缝	图	阅	跳	利	趣	针	考	益	矿
活	远	生	拼	技	术	阅	魔	棒	技	猎	图	戏	松	拼	物
天	击	力	能	篮	读	织	缝	陶	露	绘	益	技	读	露	学
文	趣	工	学	心	理	学	阅	生	技	松	钓	动	棒	影	物
学	鱼	缝	活	足	钓	园	针	理	狩	工	术	潜	瓷	阅	动
语	言	学	能	鱼	拼	跳	拼	学	远	击	缝	钓	活	工	拼
术	松	工	绘	球	露	放	缝	狩	摄	艺	读	瓷	绘	松	摄

解剖学	免疫学
考古学	语言学
天文学	力学
生物化学	气象学
生物学	矿物学
植物学	神经学
化学	心理学
生态学	社会学
生理学	热力学
地质学	动物学

48 - Scienza

假	瓷	潜	品	游	影	绘	足	阅	绘	缝	摄	缝	趣	观	瓷
设	织	读	远	球	理	拼	松	拼	技	游	舞	法	篮	察	跳
大	自	然	狩	矿	物	影	魔	针	影	针	缝	猎	能	读	钓
园	拼	活	营	图	生	篮	品	针	影	织	钓	戏	足	重	力
跳	趣	棒	足	戏	阅	拳	读	拼	足	潜	瓷	动	远	潜	远
能	读	影	活	陶	影	潜	松	影	艺	足	露	陶	远	阅	工
园	品	游	拳	绘	针	瓷	艺	松	魔	乐	园	活	拳	趣	摄
品	瓷	松	放	影	戏	鱼	摄	趣	进	工	数	放	工	足	球
乐	足	趣	能	分	子	缝	术	营	动	化	据	缝	猎	影	织
钓	摄	击	拼	放	原	粒	趣	魔	松	术	潜	绘	击	法	动
气	候	球	图	园	益	阅	科	击	缝	术	术	化	戏	拼	品
艺	松	法	艺	远	狩	工	学	艺	露	趣	影	潜	石	猎	陶
乐	摄	动	趣	缝	事	方	家	图	远	放	拳	猎	读	足	图
化	趣	拼	室	验	实	狩	读	图	活	摄	魔	读	钓	读
学	拼	跳	技	实	猎	潜	营	远	露	乐	远	舞	能	舞
的	暇	潜	能	猎	技	艺	利	击	图	暇	织	图	篮	篮	击

原子	假设
化学的	实验室
气候	方法
数据	矿物
实验	分子
进化	大自然
事实	生物
物理	观察
化石	粒子
重力	科学家

49 - Acqua

戏 纫 拳 技 术 海 露 远 远 击 术 益 跳 球 游 术
纫 阅 拼 魔 能 洋 戏 鱼 阅 营 游 品 冰 暇 露 绘
绘 远 摄 法 灌 溉 读 园 河 利 季 风 动 园 技 织
活 术 园 绘 舞 霜 法 益 能 篮 间 游 篮 织 放 陶
缝 露 瓷 棒 绘 淋 浴 图 绘 戏 缝 歇 益 法 能 拼
跳 击 织 缝 利 能 露 能 利 篮 品 术 泉 读 波 放
趣 瓷 游 影 能 能 益 篮 鱼 运 河 园 艺 放 浪 工
球 读 陶 棒 活 狩 术 鱼 术 织 暇 法 乐 阅 鱼 狩
瓷 拳 动 技 拳 球 品 魔 图 活 钓 鱼 读 艺 乐 钓
趣 读 工 工 远 雪 露 艺 暇 能 缝 趣 缝 陶 湿 潮
工 跳 绘 艺 狩 工 篮 品 雨 潜 绘 画 营 远 湿 度
狩 趣 潜 艺 园 能 术 球 画 工 洪 水 露 露 缝 度
法 击 织 工 法 阅 阅 针 术 动 图 画 缝 魔 读 绘
工 画 放 潜 技 工 舞 湖 魔 乐 远 拳 钓 远 画 营
魔 瓷 画 影 蒸 拳 阅 术 动 术 蒸 足 术 魔 飓 风
影 戏 画 魔 汽 足 工 足 益 绘 发 戏 营 拳 利 放

洪水　　　　　海洋
运河　　　　　波浪
淋浴　　　　　湿度
蒸发　　　　　潮湿
间歇泉　　　　飓风
灌溉　　　　　蒸汽
季风

50 - Imbarcazioni

狩	纫	缝	海	海	法	影	露	水	技	浮	击	能	图	钓	球
独	木	舟	洋	钓	术	图	工	园	手	标	工	织	戏	纫	瓷
营	读	缝	陶	波	浪	图	趣	棒	针	能	鱼	瓷	足	瓷	钓
河	画	潜	猎	动	针	潮	活	针	针	钓	纫	阅	乐	技	绘
暇	益	暇	陶	远	游	读	营	放	法	狩	跳	营	利	能	帆
击	纫	术	松	织	绘	园	读	益	能	缝	趣	乐	魔	击	船
狩	营	纫	皮	足	拳	利	海	松	活	动	能	暇	魔	鱼	筏
能	桅	杆	艇	拼	鱼	拳	上	露	影	绳	鱼	活	技	能	狩
活	跳	阅	露	游	锚	钓	的	船	员	子	法	影	瓷	画	缝
品	渡	轮	戏	猎	读	针	益	舞	缝	能	球	潜	动	营	棒
松	影	能	摄	动	鱼	拳	法	舞	益	足	放	阅	阅	缝	暇
钓	狩	拳	针	图	引	擎	猎	能	钓	影	品	露	钓	潜	拳
狩	击	工	纫	戏	乐	图	活	陶	远	能	乐	营	拳	猎	图
读	暇	潜	足	拼	影	陶	影	舞	狩	放	乐	潜	能	跳	阅
绘	游	露	狩	乐	棒	益	艺	缝	舞	戏	乐	影	露	园	球
技	球	针	画	钓	趣	游	松	术	魔	影	湖	球	棒	营	动

桅杆	水手
帆船	引擎
浮标	海上的
独木舟	海洋
绳子	波浪
船员	渡轮
皮艇	游艇

51 - Chimica

盐	棒	益	暇	乐	潜	益	拳	法	读	猎	影	针	针	暇	狩
园	影	暇	利	远	影	松	拼	钓	图	远	松	趣	舞	图	法
气	术	画	影	击	园	足	放	摄	核	露	露	露	击	拼	园
跳	体	液	篮	动	重	量	露	猎	氧	远	缝	离	舞	法	棒
瓷	催	放	游	拳	电	拼	拼	园	足	远	露	能	放	子	分	术
能	化	魔	营	拳	子	能	球	足	戏	绘	纫	活	原	篮	暇
利	剂	读	摄	技	足	放	趣	露	阅	术	绘	营	热	纫	篮
有	机	氯	狩	读	读	球	纫	绘	远	陶	法	击	益	织	棒
能	钓	足	戏	放	足	针	游	篮	阅	暇	图	瓷	陶	纫	工
乐	法	棒	露	击	击	绘	纫	棒	舞	狩	品	园	舞	影	猎
氢	棒	术	缝	纫	狩	画	缝	读	足	拼	针	动	钓	酸	钓
图	织	酶	魔	拳	棒	针	绘	利	球	术	图	法	利	绘	潜
戏	拳	读	陶	陶	缝	鱼	戏	潜	松	营	读	品	阅	园	法
魔	画	拼	魔	棒	拼	足	远	品	能	温	度	暇	拳	球	工
能	碱	性	品	鱼	读	露	阅	阅	篮	艺	益	针	品	魔	跳
纫	读	猎	阅	摄	足	跳	拳	放	动	陶	乐	摄	碳	利	篮

碱性	液体
原子	分子
催化剂	有机
电子	重量
气体	温度
离子	

露 纫 法 针 纫 篮 织 阅 钓 松 钓 术 园 瓷 拼 园
拼 乐 针 读 昆 工 缝 拳 能 乐 针 动 园 技 纫
放 潜 画 魔 虫 暇 活 露 球 潜 钓 画 园 放 影
能 松 跳 植 画 图 图 暇 鱼 鱼 术 翅 游 膀 戏
品 织 针 物 食 利 蜡 利 击 棒 放 摄 跳 工 瓷
乐 读 生 画 读 画 绘 狩 拳 缝 图 技 读 技 能
鱼 读 境 园 游 乐 放 针 陶 图 艺 技 影 园 魔
瓷 品 活 戏 露 拳 篮 多 利 绘 艺 拼 暇 园 跳
猎 缝 影 拼 游 能 舞 艺 性 魔 拼 图 跳 潜 工
利 读 松 瓷 钓 魔 技 益 远 画 绘 跳 潜 艺 画
益 篮 足 影 篮 暇 绘 放 营 艺 远 钓 乐 益 读 术
击 缝 园 游 击 读 跳 游 有 乐 阅 拼 能 水 果 舞
舞 图 术 篮 缝 放 益 烟 益 阅 戏 园 松 蜜 法 鱼
篮 跳 活 女 暇 法 潜 拼 的 瓷 鱼 花 趣 蜂 巢 跳
生 态 系 统 王 绘 球 狩 利 读 跳 开 粉 远 品 戏
太 阳 足 营 放 缝 棒 陶 影 活 影 乐 园 鱼 露 远

翅膀　　　　　　　花园
蜂巢　　　　　　　生境
有益的　　　　　　昆虫
食物　　　　　　　蜂蜜
多样性　　　　　　植物
生态系统　　　　　花粉
开花　　　　　　　女王
水果　　　　　　　太阳

53 - Strumenti Musicali

利猎读篮暇魔暇笛阅趣图竖松读术纫
大鱼动钓棒动远长单阅露琴提小班锣
提读钓拳游猎活号松簧吉他戏钓卓能
琴活棒绘远放钓萨画瓷管乐棒工琴画
影狩拼魔法织拼克营乐松放打利足拼
暇击舞瓷织篮足斯针篮巴阅击潜鱼球
游潜鼓园篮阅技管篮艺林影乐摄影棒
暇园铃乐艺舞鱼织跳拼马喇器游鱼足
潜艺拳松瓷双图趣图鱼乐叭跳拼放阅
露摄益魔术猎簧影钓潜影读园阅针魔
营钓潜读击篮绘管术曼艺动篮篮球乐
能工拳猎暇舞棒松品陀利术读松艺远
露纫潜跳口琴钢跳跳林利跳篮松缝魔
阅游织拳织图影艺暇松球钓鱼影园露
摄术鱼品猎法瓷钓拳读读益针篮活影
阅阅品暇阅织猎动艺活能游棒松拳画

口琴
竖琴
班卓琴
吉他
单簧管
巴松管
长笛
曼陀林
马林巴

双簧管
打击乐器
钢琴
萨克斯管
铃鼓
喇叭
长号
小提琴
大提琴

艺	绘	技	动	能	哲	拳	工	图	工	程	师	法	画	猎	拼
图	活	远	棒	戏	学	远	动	书	技	猎	击	放	乐	球	图
放	瓷	猎	摄	魔	家	益	远	管	园	丁	趣	能	游	术	品
戏	读	瓷	远	针	画	营	潜	理	纫	暇	画	织	发	明	者
击	拳	露	影	拳	老	师	瓷	员	营	医	生	医	科	外	猎
篮	球	远	瓷	技	读	飞	行	员	拳	露	牙	拳	足	露	艺
营	动	工	露	园	读	露	魔	航	拼	乐	陶	跳	品	乐	利
生	物	学	家	乐	织	技	狩	宇	法	缝	术	篮	动	鱼	拳
影	游	摄	魔	动	动	织	益	利	利	篮	技	摄	物	活	园
钓	露	绘	阅	戏	纫	工	篮	舞	远	远	摄	影	学	工	击
魔	狩	舞	瓷	术	瓷	图	针	织	活	趣	影	师	家	乐	松
松	钓	织	纫	织	魔	工	织	鱼	艺	乐	益	纫	拼	营	游
插	画	家	品	益	语	球	魔	球	露	舞	技	拳	棒	影	松
摄	法	营	图	跳	研	言	狩	品	潜	能	魔	工	乐	技	露
工	露	织	记	益	戏	究	学	活	猎	跳	能	钓	阅	瓷	能
阅	活	趣	者	能	画	棒	员	家	侦	探	狩	棒	阅	陶	拳

宇航员	插画家
图书管理员	工程师
生物学家	老师
外科医生	发明者
牙医	语言学家
侦探	医生
哲学家	飞行员
摄影师	画家
园丁	研究员
记者	动物学家

55 - Letteratura

狩	艺	戏	棒	缝	小	比	营	远	瓷	诗	意	趣	传	记	益
跳	动	瓷	法	篮	说	较	分	能	球	阅	拳	潜	放	露	活
技	活	园	缝	园	工	魔	析	纫	读	松	狩	绘	对	放	球
画	技	球	品	鱼	戏	阅	趣	动	阅	活	术	戏	话	远	放
放	潜	技	远	工	针	术	暇	游	轶	动	潜	艺	乐	织	游
主	读	击	跳	拳	足	术	动	技	事	魔	放	园	节	奏	跳
潜	题	摄	缝	益	技	品	描	述	露	击	缝	法	钓	影	针
图	远	意	见	趣	工	鱼	艺	营	品	放	击	露	图	足	潜
术	读	艺	远	画	技	类	比	游	棒	球	暇	影	艺	作	击
画	魔	暇	舞	放	画	魔	趣	法	猎	阅	鱼	影	钓	者	活
钓	影	风	读	读	暇	跳	类	型	鱼	乐	舞	拼	松	品
纫	益	格	艺	魔	瓷	品	暇	趣	游	松	园	瓷	技	远	远
足	针	营	拳	摄	游	趣	戏	放	棒	拼	缝	猎	鱼	术
潜	营	缝	韵	足	能	瓷	钓	跳	喻	艺	益	放	足	击	能
益	结	乐	趣	能	术	球	品	工	阅	跳	艺	艺	利	乐
益	猎	论	瓷	猎	利	松	钓	园	织	暇	悲	剧	钓	瓷	游

分析　　　　　　　类型
类比　　　　　　　隐喻
轶事　　　　　　　意见
作者　　　　　　　诗节
传记　　　　　　　小说
结论　　　　　　　风格
比较　　　　　　　主题
描述　　　　　　　悲剧
对话

56 - Cibo #2

法松能露球织缝暇足技火园营利动术
松足品陶游工鸡击术缝腿针纫拳游动
阅茄跳远拼利暇击乐艺鱼针棒缝球营
营番子远猎葡萄阅活香蕉乐读面拳潜
球舞绘棒营摄陶法法针趣趣潜利包活
法棒艺跳篮苹蘑趣猎足露缝奶酪阅工
益鱼游利击果菇钓远松跳篮酸营绘绘
艺篮足足游益陶球狩品瓷织法动远魔
术魔瓷足针拼戏游西动拼利趣乐纫摄
樱技巧克力摄乐缝读兰动潜缝狩乐钓
桃露营艺拳益蛋米舞活花芹鱼远益击
舞陶小麦暇乐营园摄活益菜游画画戏
棒球钓猕影织术阅读阅钓影舞工陶钓
舞趣狩猴织艺能狩绘戏陶击拼跳足舞
拳暇暇桃术露法击猎缝织鱼阅钓暇术
术益拳钓足纫松棒陶利益魔狩拳法魔

香蕉	苹果
西兰花	茄子
樱桃	面包
巧克力	番茄
奶酪	火腿
蘑菇	芹菜
小麦	葡萄
猕猴桃	酸奶

57 - Nutrizione

动 放 狩 跳 重 苦 戏 益 阅 趣 瓷 能 缝 术 猎 阅
拳 瓷 击 足 露 量 碳 水 化 合 物 绘 法 读 潜 酱
足 针 消 猎 能 质 营 艺 技 阅 潜 摄 放 活 棒 趣
乐 品 化 拼 击 影 活 技 篮 纫 画 猎 乐 法 术 猎
园 技 技 戏 松 动 放 球 摄 乐 暇 游 工 纫 戏 趣
图 露 织 远 跳 狩 画 篮 读 艺 利 趣 纫 针 针 影
养 拳 远 图 松 维 生 素 球 阅 工 影 味 道 棒 鱼
分 陶 远 瓷 读 阅 工 法 篮 图 画 营 绘 跳 篮 鱼
球 画 影 影 瓷 陶 工 品 术 远 缝 工 魔 读 潜 篮
能 益 篮 戏 鱼 欲 纫 活 针 戏 健 康 瓷 棒 松 棒
平 衡 的 绘 利 食 用 艺 松 法 活 饮 香 料 毒 艺
魔 活 缝 艺 击 艺 钓 猎 篮 潜 活 跳 食 阅 素 乐
钓 工 鱼 乐 活 陶 绘 卡 艺 远 潜 舞 足 蛋 戏 远
篮 乐 狩 击 阅 技 利 路 能 乐 缝 园 陶 摄 白 影
法 戏 发 酵 液 陶 图 里 营 游 园 游 棒 工 法 质
篮 摄 狩 图 体 纫 拳 影 术 棒 织 戏 乐 露 暇 术

食欲	液体
平衡的	养分
卡路里	重量
碳水化合物	蛋白质
食用	质量
饮食	健康
消化	香料
发酵	毒素
味道	维生素

58 - Matematica

阅	篮	露	品	拼	拼	趣	卷	营	术	潜	戏	读	园	棒	陶
篮	画	戏	陶	跳	影	魔	益	工	放	针	技	趣	利	影	拳
松	钓	摄	拳	鱼	拼	舞	松	棒	平	缝	艺	瓷	能	舞	趣
图	魔	活	篮	击	拼	狩	术	拼	舞	行	暇	球	益	舞	能
潜	趣	游	露	法	魔	阅	篮	分	数	能	游	狩	魔	跳	影
技	足	远	游	陶	松	园	方	乐	指	暇	乐	猎	狩	狩	篮
读	放	放	垂	缝	绘	露	程	摄	工	角	棒	营	园	直	艺
击	摄	广	直	品	和	影	艺	品	度	鱼	技	能	径	径	品
乐	远	针	场	绘	足	品	乐	周	艺	工	缝	跳	算	陶	
魔	画	拳	艺	活	阅	织	游	长	击	拳	缝	阅	织	术	技
多	边	形	对	称	活	工	舞	三	工	陶	几	十	进	制	棒
摄	瓷	边	矩	织	瓷	魔	鱼	角	击	鱼	何	品	活	品	
猎	营	四	艺	露	跳	动	钓	形	工	戏	拼	学	狩	趣	
技	术	行	半	径	远	乐	乐	拳	活	阅	园	魔	利	瓷	能
乐	松	平	读	钓	击	缝	篮	影	园	猎	图	击	篮	跳	棒
拳	魔	图	益	陶	针	图	狩	乐	影	拼	钓	活	织	陶	画

角度	平行四边形
算术	周长
十进制	垂直
直径	多边形
方程	广场
指数	半径
分数	矩形
几何学	对称
平行	三角形

59 - Meditazione

平	静	趣	心	戏	潜	舞	放	松	术	松	大	运	动	习	惯
和	魔	针	理	鱼	瓷	拳	动	魔	读	露	自	鱼	感	松	益
营	舞	营	品	狩	露	球	跳	瓷	读	松	然	益	激	激	钓
戏	乐	松	艺	潜	织	工	狩	远	钓	园	缝	缝	法	呼	园
远	画	利	放	拳	舞	针	舞	技	技	图	能	拼	吸	吸	松
图	纫	法	阅	放	术	击	棒	游	拼	园	阅	棒	技	术	画
明	晰	游	狩	术	缝	品	足	醒	拼	同	动	能	利	利	拳
远	戏	乐	针	图	绘	绘	暇	游	营	情	善	针	足	足	图
工	针	乐	魔	绘	狩	击	鱼	益	织	纫	棒	良	影	远	工
棒	图	棒	音	织	动	画	潜	图	术	动	足	戏	狩	园	跳
摄	益	益	乐	织	舞	钓	潜	魔	园	动	击	营	术	艺	乐
纫	姿	势	篮	舞	足	透	狩	猎	球	潜	远	工	艺	松	松
接	织	跳	陶	情	绪	视	摄	观	察	拳	钓	棒	猎	针	艺
工	受	球	幸	球	品	摄	沉	益	露	魔	法	钓	舞	舞	益
陶	动	拳	纫	福	拼	针	默	陶	足	营	织	舞	露	瓷	拳
狩	瓷	趣	趣	鱼	鱼	狩	松	陶	针	织	舞	远	绘	戏	乐	露

习惯
接受 静
平 晰
明 情
同 情
情 绪
幸 福
善 良
感 激
心 理

运 动
音 乐
大 自然
观 察
和 平
姿 势
透 视
呼 吸
沉默

60 - Elettricità

缝	机	电	发	狩	狩	猎	激	光	狩	潜	瓷	技	缆	电	猎
园	乐	松	工	趣	营	术	跳	营	陶	动	动	拼	拳	瓷	线
纫	技	暇	利	棒	术	绘	舞	绘	鱼	摄	设	备	艺	暇	摄
露	猎	动	舞	乐	趣	露	园	潜	球	猎	乐	击	远	猎	活
工	露	技	鱼	绘	绘	术	视	画	舞	击	技	瓷	营	法	灯
插	营	球	狩	影	动	图	电	潜	纫	动	园	营	数	量	泡
座	积	魔	能	画	动	游	棒	舞	技	绘	瓷	绘	远	鱼	动
暇	极	魔	织	潜	拼	纫	篮	鱼	针	能	织	游	足	戏	图
活	的	远	活	法	跳	露	阅	园	法	拳	营	乐	戏	魔	利
法	摄	瓷	摄	绘	跳	法	网	络	狩	暇	工	游	猎	读	摄
绘	活	绘	篮	艺	法	缝	法	缝	营	潜	松	舞	篮	露	缝
跳	趣	读	露	园	棒	艺	松	放	暇	暇	魔	乐	露	露	纫
远	电	池	画	潜	篮	磁	对	象	法	图	艺	击	影	潜	拼
露	摄	松	击	摄	否	铁	电	松	缝	戏	织	法	远	利	营
术	缝	品	趣	露	戏	球	话	放	活	舞	益	乐	篮	工	放
暇	魔	灯	放	益	远	营	陶	品	潜	法	棒	读	能	放	摄

设备	磁铁
电池	对象
电缆	积极的
电工	插座
电线	数量
发电机	网络
灯泡	电话
激光	电视

61 - Antiquariato

```
放 乐 击 松 球 活 针 术 利 远 雕 拳 松 正 读 钓
影 益 跳 品 猎 足 影 技 松 塑 织 织 宗 瓷 针 营
装 饰 性 的 篮 拼 利 园 露 读 拍 舞 魔 工 钓 游 绘
艺 狩 跳 技 潜 跳 艺 园 瓷 卖 游 鱼 钓 活 利 陶
图 能 纫 舞 园 益 球 潜 篮 放 球 纫 远 拼 利 跳
园 鱼 瓷 鱼 益 营 技 篮 园 松 狩 鱼 远 陶 陶 绘 益
露 暇 露 足 价 阅 篮 乐 乐 鱼 缝 击 陶 画 影 潜 拼
图 游 动 拳 潜 瓷 乐 动 画 游 狩 艺 画 廊 狩 猎 乐
陶 趣 鱼 远 读 条 钓 投 击 艺 拼 术 陶 法 园 读 足
织 潜 乐 品 击 件 放 资 动 棒 术 艺 阅 潜 放 足
利 营 动 篮 缝 风 画 园 趣 击 艺 雅 趣 动 拳 园
拳 跳 异 家 具 价 读 摄 园 狩 优 质 量 画 园 足
陶 纫 钓 常 摄 陶 摄 画 足 球 趣 钓 猎 营 图 足 放
跳 瓷 恢 复 乐 击 魔 技 球 品 钓 潜 潜 世 图 放
篮 趣 几 十 年 品 硬 露 益 老 潜 暇 纪 动 织
魔 阅 绘 猎 摄 足 针 技 阅 狩 棒 绘 暇 世 纪 动 织
```

艺术
拍卖
正宗
条件
几十年
装饰性的
优雅
画廊
异常
投资

家具
硬币
价格
质量
恢复
雕塑
世纪
风格
价值

62 - Fotografia

能	活	陶	陶	游	活	活	远	利	照	游	篮	戏	暇	阴	足
瓷	钓	画	鱼	乐	品	球	松	艺	相	缝	放	益	颜	影	乐
足	趣	游	猎	画	舞	术	工	游	机	工	篮	针	色	远	陶
画	钓	园	拼	趣	趣	瓷	缝	读	针	狩	术	针	黑	像	影
术	园	足	技	工	拼	拼	工	术	狩	营	质	肖	像	定	瓷
舞	能	陶	活	远	跳	绘	远	法	组	成	地	技	主	义	技
陶	缝	缝	灯	画	篮	纫	活	阅	放	绘	露	透	题	猎	针
舞	陶	园	光	击	球	益	瓷	放	画	动	棒	篮	视	乐	能
露	拼	球	潜	画	露	跳	鱼	远	展	览	瓷	放	远	远	猎
框	架	拼	远	营	品	针	鱼	钓	术	画	益	格	益	钓	远
象	缝	法	放	球	乐	戏	狩	视	击	动	技	绘	式	织	击
对	比	乐	拳	黑	暗	动	潜	术	品	松	画	趣	钓	利	暇
阅	暇	狩	乐	纫	缝	远	觉	工	拼	利	读	园	利	游	纫
针	拳	棒	乐	暇	魔	阅	的	术	舞	棒	阅	游	趣	软	钓
工	戏	松	舞	工	球	放	乐	术	魔	潜	远	软	钓	化	球
阅	摄	猎	阅	技	图	动	放	织	活	狩	放	松	摄	化	球

软 化
黑 暗
颜 色
组 成
对 比
框 架
定 义
展 览
格 式
灯 光

黑 色
对 象
阴 影
透 视
肖 像
主 题
照 相 机
质 地
视 觉 的

63 - Escursionismo

舞	松	足	益	绘	方	累	放	篮	跳	悬	猎	松	远	足	击
艺	针	法	松	乐	向	准	魔	影	摄	崖	暇	缝	缝	缝	摄
技	动	棒	摄	趣	利	读	备	摄	工	画	幼	大	拼	动	跳
园	法	工	戏	图	织	营	陶	露	棒	暇	益	自	乐	物	读
图	益	阅	峰	击	画	乐	拳	球	球	戏	幼	然	公	瓷	篮
乐	狩	动	会	棒	读	瓷	益	跳	营	织	舞	陶	园	石	头
园	读	暇	缝	工	利	危	害	艺	动	拼	动	气	品	益	摄
钓	动	钓	猎	乐	技	织	摄	绘	针	阅	活	候	活	放	远
跳	法	乐	击	暇	术	鱼	球	织	工	地	图	松	棒	拼	陶
指	鱼	摄	舞	影	戏	暇	荒	陶	跳	幼	益	露	乐	读	魔
南	松	戏	山	缝	松	工	趣	野	技	工	营	利	舞	篮	
阅	击	工	松	游	术	拳	幼	暇	戏	能	魔	利	靴	子	阅
游	太	钓	重	潜	读	跳	远	松	水	狩	织	影	拼	足	乐
鱼	技	阳	游	工	品	潜	拼	画	魔	击	益	绘	画	图	球
动	暇	益	戏	足	益	猎	摄	技	利	钓	棒	品	足	魔	魔
陶	球	钓	图	潜	钓	艺	拼	魔	读	工	放	游	画	品	影

动物
露营
气候
指南
地图
大自然
方向
公园

危害
石头
准备
悬崖
荒野
太阳
靴子
峰会

编	辑	猎	益	远	律	地	质	学	家	药	动	织	工	球	放
益	舞	狩	品	读	跳	师	舞	拳	琴	剂	放	工	技	画	鱼
跳	棒	戏	陶	摄	益	纫	放	蹈	钢	师	画	法	松	益	松
图	技	图	阅	乐	心	理	学	家	家	活	魔	跳	园	潜	狩
魔	摄	跳	针	活	珠	戏	益	松	松	画	术	暇	工	鱼	针
科	学	家	露	园	宝	艺	品	球	益	拳	猎	动	制	足	鱼
大	露	暇	技	营	商	营	棒	球	篮	画	活	钓	狩	图	读
使	猎	游	瓷	阅	趣	舞	护	士	技	远	绘	针	跳	击	师
跳	人	动	工	营	拳	画	跳	艺	松	教	练	鱼	阅	拳	钓
阅	暇	潜	摄	舞	拼	益	纫	拳	利	棒	水	纫	阅	戏	跳
舞	动	阅	摄	戏	术	棒	动	放	技	击	管	活	纫	营	游
击	动	艺	暇	拳	艺	阅	音	乐	家	能	工	放	足	缝	放
艺	鱼	乐	鱼	游	术	鱼	游	潜	拳	营	营	天	趣	趣	足
技	织	钓	放	钓	家	银	行	家	兽	拼	乐	文	放	拼	针
术	趣	舞	足	暇	狩	游	足	纫	医	法	读	学	乐	利	魔
绘	读	读	纫	工	舞	球	狩	魔	工	瓷	鱼	家	影	潜	瓷

教练
大使
艺术家
天文学家
律师
舞蹈家
银行家
猎人
制图师
编辑

药剂师
地质学家
珠宝商
水管工
护士
音乐家
钢琴家
心理学家
科学家
兽医

65 - Antartide

纫	摄	针	绘	科	岛	画	舞	纫	形	地	移	民	篮	工	球
远	艺	益	能	学	屿	法	乐	技	鲸	理	园	缝	能	瓷	击
击	舞	工	球	的	半	园	画	技	鱼	拳	猎	游	艺	园	钓
技	益	篮	摄	暇	游	岛	湾	暇	动	远	品	工	球	园	读
能	利	放	缝	趣	益	能	放	益	趣	球	钓	足	狩	暇	击
篮	棒	戏	乐	阅	跳	乐	钓	境	读	戏	摄	狩	跳	篮	
棒	击	缝	猎	能	冰	读	研	环	影	影	阅	能	游	舞	
魔	篮	摄	动	猎	品	川	究	利	洛	奇	游	魔	游	活	
大	陆	趣	魔	活	暇	营	员	营	阅	足	针	术	击	云	园
猎	乐	棒	缝	远	游	摄	游	狩	水	猎	绘	趣	活	织	
能	织	阅	温	度	拳	工	技	法	潜	工	绘	趣	活	保	
能	露	远	征	矿	营	营	趣	营	球	营	活	鱼	活	护	
暇	趣	工	舞	物	松	魔	陶	松	品	游	放	猎	画	摄	
绘	潜	乐	跳	读	篮	鱼	露	能	游	术	球	舞	活	艺	
利	阅	图	工	远	利	缝	拳	艺	远	读	趣	乐	园	棒	
图	营	钓	戏	趣	棒	游	远	足	动	绘	魔	击	瓷	影	

环境
鲸鱼
保护
大陆
地理
冰川
岛屿
移民

矿物
半岛
研究员
洛奇
科学的
远征
温度
地形

66 - Libri

作	者	陶	陶	相	松	工	摄	狩	能	拼	摄	跳	发	足	小
术	篮	松	拼	关	舞	潜	纫	松	故	棒	舞	游	明	工	说
史	诗	利	能	的	技	页	戏	篮	事	悲	旁	白	艺	趣	术
活	纫	篮	球	阅	暇	放	绘	陶	魔	剧	画	影	戏	钓	游
画	阅	法	放	读	冒	瓷	品	球	潜	技	拳	收	狩	游	放
陶	篮	法	篮	园	险	远	营	潜	能	击	读	钓	藏	鱼	拼
狩	乐	趣	能	跳	画	游	画	猎	利	篮	松	能	棒	篮	陶
放	工	暇	纫	活	摄	露	二	元	性	拼	潜	棒	舞	画	能
画	活	暇	能	暇	绘	狩	品	瓷	品	系	图	诗	歌	暇	魔
法	工	活	法	暇	跳	营	放	舞	影	列	放	针	拼	缝	摄
潜	上	下	文	术	戏	狩	阅	阅	纫	猎	益	球	足	足	读
画	篮	乐	拳	缝	远	暇	露	球	拼	针	利	活	暇	陶	者
文	学	足	利	放	利	技	松	缝	书	品	鱼	术	远	幽	松
纫	阅	放	摄	乐	工	技	暇	拼	摄	面	趣	击	工	默	品
读	拼	远	利	棒	足	舞	影	织	击	图	的	史	历	魔	法
摄	缝	放	狩	营	织	绘	图	远	品	营	技	游	品	活	游

作者	诗歌
冒险	相关的
收藏	小说
上下文	书面的
二元性	系列
史诗	故事
发明	历史的
文学	悲剧
读者	幽默
旁白	

67 - Geografia

陶园戏击瓷图影露织影针鱼陶利戏营
能鱼露益跳地区缝露猎河读球瓷猎篮
戏鱼趣棒营狩乐经瓷跳能画舞读读戏
暇技魔活潜图陶利度营利益缝动球画
纬度露活舞工跳狩纫高度狩动露拼拳
趣利暇钓织营松棒棒利陶猎鱼跳国技
画织乐摄摄舞乐缝画潜摄法球图海家
织暇击远放针活摄跳拳阅游活拼趣地
球纫棒活法钓棒猎针营放动影球钓图
术西世界法能舞益球工营魔读技潜集
戏拼术远跳拳工南趣跳阅法猎领土针
画陶魔鱼潜益猎拼击陶跳利纫鱼读缝
放山狩游阅鱼影阅摄读画营暇游城市
动品大潜织松术纫乐纫魔园益园园摄
子午线陆图球狩阅半球猎术针远游拼
跳拳猎球魔益足球猎篮球跳岛拳动北

高度	地图	
地图集	子午线	
城市	世界	
大陆	国家	
半球	地区	
纬度	领土	
经度		

放	利	艺	松	工	陶	糖	陶	拳	法	艺	利	大	潜	营	鱼
鱼	猎	读	术	罗	跳	舞	击	跳	梨	动	绘	麦	跳	利	暇
能	魔	戏	影	勒	动	图	活	画	足	益	法	读	篮	篮	暇
活	潜	品	大	陶	摄	狩	阅	品	画	缝	舞	能	动	画	猎
摄	摄	读	摄	蒜	钓	益	钓	绘	戏	营	图	棒	拳	画	舞
工	鱼	游	织	品	动	狩	陶	纫	工	艺	足	读	洋	纫	纫
能	击	潜	击	技	拳	活	远	阅	露	松	针	缝	葱	纫	法
蛋	草	莓	图	纫	舞	狩	趣	拳	摄	绘	猎	足	桂	肉	钓
暇	糕	菠	篮	织	营	陶	魔	读	画	针	陶	图	球	工	芜
果	鱼	菜	工	球	画	沙	牛	益	利	摄	摄	戏	戏	益	菁
汁	足	艺	足	艺	术	拉	奶	游	利	摄	乐	摄	织	营	能
金	乐	击	鱼	阅	舞	狩	胡	益	潜	棒	营	瓷	法	露	活
枪	工	潜	松	趣	跳	乐	萝	动	读	拳	艺	画	阅	品	图
鱼	薄	陶	戏	绘	缝	柠	卜	露	露	鱼	针	艺	术	狩	篮
术	荷	针	针	营	鱼	影	檬	纫	鱼	戏	影	术	拳	游	针
技	棒	动	瓷	工	暇	跳	放	盐	球	影	法	园	暇	潜	陶

大蒜
罗勒
肉桂
胡萝卜
洋葱
草莓
沙拉
牛奶

柠檬
薄荷
大麦
芜菁
菠菜
果汁
金枪鱼
蛋糕

69 - Etica

耐	影	品	魔	现	纫	影	纫	狩	远	钓	术	猎	绘	放	阅
心	法	活	术	实	魔	图	能	钓	园	魔	远	理	戏	活	跳
动	篮	拳	园	主	击	品	影	放	品	人	性	性	击	瓷	工
猎	棒	营	拼	义	趣	趣	跳	品	潜	露	缝	缝	品	哲	学
潜	远	瓷	戏	趣	品	法	摄	乐	足	利	戏	绘	利	猎	艺
击	足	露	放	狩	园	拳	品	趣	暇	拼	趣	的	敬	尊	外
纫	舞	潜	正	直	艺	品	艺	潜	能	针	乐	法	图	放	交
缝	画	法	放	绘	趣	猎	暇	游	露	活	观	图	放	动	动
缝	拼	狩	拳	趣	艺	暇	棒	益	狩	游	瓷	利	益	个	法
宽	趣	魔	技	鱼	跳	合	作	技	绘	利	魔	游	活	人	益
猎	容	松	智	跳	猎	工	足	园	利	暇	游	狩	主	戏	戏
图	放	远	跳	慧	猎	游	技	魔	暇	绘	纫	能	人	仁	
暇	能	拳	工	击	针	狩	营	同	读	利	暇	钓	主	慈	
术	合	理	潜	露	瓷	露	陶	魔	情	拳	动	营	他	钓	
善	良	瓷	活	篮	影	趣	瓷	阅	织	球	游	猎	跳	魔	
瓷	益	钓	钓	跳	读	陶	狩	图	针	游	暇	钓	阅	利	图

70 - Aeroplani

能 能 跳 读 飞 戏 影 暇 织 品 法 法 绘 天 园
影 鱼 足 拼 行 工 球 猎 织 远 技 戏 工 足 空 术
舞 图 动 游 员 球 潜 纫 工 瓷 影 趣 舞 图 松 远
摄 动 引 擎 鱼 摄 活 阅 法 图 影 露 松 术 猎 魔
足 益 艺 游 影 织 魔 游 图 影 胀 导 气 球 画
高 度 历 史 魔 鱼 图 降 活 篮 钓 瓷 航 松 读
纫 动 绘 远 品 织 读 落 舞 艺 利 乐 松 跳
魔 篮 营 魔 能 陶 松 趣 魔 钓 利 击 影 工 法
燃 鱼 鱼 松 绘 影 拳 动 织 利 露 针 针 陶
能 料 狩 绘 暇 潜 艺 工 趣 猎 陶 魔 技 拳 戏
露 纫 湍 陶 乐 术 品 术 钓 缝 球 潜 趣 狩 活
读 跳 流 摄 利 狩 动 利 瓷 工 猎 工 篮 魔 冒
潜 陶 工 暇 氢 戏 乘 益 工 猎 技 篮 工 潜 险
艺 船 放 摄 方 潜 客 设 戏 拳 球 画 舞 篮 利
画 鱼 员 乐 向 图 魔 计 放 篮 乐 园 术 术 艺
乐 篮 读 缝 足 活 暇 拳 下 降 猎 大 气 层 空 气 棒

高度
空气
大气层
降落
冒险
燃料
天空
设计
方向
下降

船员
膨胀
引擎
导航
气球
乘客
飞行员
历史
湍流

71 - Governo

缝 魔 放 陶 球 舞 动 缝 钓 拳 远 戏 艺 园 棒 游
能 品 术 民 事 自 钓 状 画 陶 击 远 球 露 图 影
法 画 图 术 织 由 瓷 态 利 击 摄 钓 棒 球 戏 画
瓷 律 权 力 活 拼 摄 活 魔 术 跳 画 摄 国 图 民
公 民 身 份 艺 演 讲 平 等 营 潜 图 法 益 家 主
跳 术 魔 益 钓 绘 陶 术 品 讨 念 碑 放 远 园
露 击 游 摄 拼 针 营 园 读 论 棒 绘 纫 权 利 织 潜
陶 跳 园 动 利 游 露 纫 阅 露 松 工 棒 利 织 画
阅 能 放 绘 棒 象 征 法 乐 利 画 利 宪 法 法 乐
钓 图 戏 远 阅 活 钓 针 球 画 工 远 露 鱼 鱼 游
钓 纫 法 绘 影 读 动 动 缝 游 魔 织 织 松 读 乐
棒 趣 技 瓷 利 读 营 瓷 拼 动 趣 工 读 利 暇 趣
游 狩 跳 放 棒 潜 活 政 暇 趣 鱼 法 司 针 魔 放
击 独 立 艺 技 暇 针 治 利 工 法 魔 放 利
棒 画 营 棒 园 猎 松 术 跳 瓷 摄 潜 放 棒 乐 远
织 艺 舞 区 影 影 球 营 魔 园 钓 拳 陶 正 义 鱼

公民身份　　　　法律
民事　　　　　　自由
宪法　　　　　　纪念碑
民主权利　　　　国家
演讲讨论　　　　政治权力
司法正义　　　　象征状态平等
独立

72 - Bellezza

魔	篮	足	利	远	能	术	远	足	松	工	舞	绘	针	园	缝
针	能	画	游	阅	剪	刀	足	足	球	篮	工	图	法	放	阅
动	益	法	放	钓	陶	击	趣	瓷	猎	跳	魔	针	远	暇	化
动	松	乐	足	活	篮	棒	钓	术	足	魅	优	雅	口	红	妆
艺	摄	益	暇	舞	品	足	摄	乐	放	图	力	图	缝	舞	舞
纫	纫	读	品	营	舞	足	活	益	棒	足	露	香	味	品	读
缝	艺	舞	拼	利	营	魔	绘	品	钓	能	篮	技	摄	缝	
足	皮	击	利	舞	工	艺	露	艺	游	工	摄	潜	摄	术	
瓷	肤	品	能	能	影	织	上	动	猎	工	阅	鱼	乐	技	篮
舞	睫	游	营	利	趣	子	镜	法	狩	乐	动	法	趣	潜	品
术	造	毛	游	纫	篮	绘	产	品	画	动	工	拼	陶	潜	潜
园	型	远	膏	游	益	拳	品	暇	远	瓷	洗	棒	跳		
品	师	足	营	暇	暇	艺	妆	跳	服	务	影	发	光	园	
艺	工	远	缝	阅	油	营	缝	化	远	营	益	水	滑	远	
跳	卷	发	松	足	摄	画	艺	法	戏	猎	乐	放	颜	舞	
魔	绘	乐	法	松	纫	猎	活	跳	织	拳	趣	鱼	益	色	法

颜色
化妆品
优雅
魅力
剪刀
上镜
香味
光滑
睫毛膏

皮肤
产品
卷发
口红
服务
洗发水
镜子
造型师
化妆

73 - Avventura

瓷	绘	园	钓	魔	松	陶	游	松	热	能	瓷	图	暇	读	摄
园	舞	利	远	舞	跳	法	足	危	险	情	旅	鱼	缝	击	术
大	异	读	益	暇	棒	活	影	松	画	潜	行	魔	技	猎	影
自	常	针	能	技	暇	利	法	术	行	导	航	拼	足	画	鱼
然	工	猎	术	动	摄	跳	营	益	法	程	远	球	狩	技	游
击	瓷	陶	读	品	摄	美	纫	狩	动	阅	足	目	的	地	放
足	图	朋	术	能	鱼	瓷	跳	狩	术	鱼	松	影	困	难	读
放	击	纫	友	针	利	能	阅	陶	动	画	法	戏	针	工	魔
放	松	术	陶	拼	工	拼	棒	园	舞	益	趣	读	喜	潜	拳
活	跳	暇	足	击	跳	缝	足	击	跳	活	远	鱼	悦	工	远
绘	缝	击	拼	乐	瓷	狩	拼	影	营	营	暇	鱼	舞	益	球
潜	瓷	营	绘	安	全	足	纫	瓷	艺	园	勇	击	利	球	法
拼	暇	足	放	潜	拼	猎	织	露	狩	能	敢	机	喜	魔	潜
放	球	瓷	戏	瓷	松	放	动	绘	准	备	会	摄	摄	挑	读
图	纫	足	拼	图	活	织	放	戏	工	读	园	魔	跳	拼	战
技	拳	篮	放	钓	动	新	的	球	技	游	足	鱼	跳	拼	园

朋友
活动
机会
勇敢
目的地
困难
热情
远足
喜悦
异常

行程
大自然
导航
新的
危险
准备
挑战
安全
旅行

74 - Forme

拼 魔 工 品 法 术 能 阅 纫 露 纫 边 缘 动 园 品
园 篮 魔 益 拳 缝 鱼 摄 趣 绘 舞 法 营 影 读 绘
游 能 戏 画 松 戏 广 场 拳 阅 狩 益 纫 露 乐 摄
趣 画 鱼 魔 瓷 图 棒 陶 影 远 品 营 双 曲 线 能
椭 圆 形 角 三 摄 击 活 缝 鱼 潜 鱼 缝 击 放 放
猎 椭 动 击 纫 露 弧 法 潜 舞 击 营 棒 乐 游 画
魔 动 拼 品 钓 击 利 图 益 狩 读 狩 棱 镜 乐 画
营 狩 缝 拼 纫 魔 瓷 营 阅 营 动 陶 远 拳 瓷 缝
图 远 读 钓 读 拳 画 乐 放 缝 远 阅 影 圈 影 营
图 棒 益 艺 曲 摄 游 钓 圆 技 松 织 益 园 影 工
工 乐 织 画 线 乐 拼 猎 趣 筒 利 矩 技 瓷 缝 品
篮 动 跳 猎 织 瓷 潜 足 舞 球 纫 形 边 多 法 法
织 魔 击 放 园 乐 金 击 暇 乐 品 立 术 工 击 篮
图 动 暇 影 动 缝 字 陶 戏 纫 摄 方 角 营 拳 舞
影 松 篮 阅 趣 露 塔 瓷 舞 术 图 体 落 趣 魔 织
技 图 戏 能 园 鱼 魔 品 园 远 阅 锥 园 松 读 益

角落	椭圆形
边缘	金字塔
圆筒	多边形
锥体	棱镜
立方体	广场
曲线	矩形
椭圆	三角形
双曲线	

75 - Oceano

图	珊	篮	棒	技	棒	篮	舞	拳	法	画	游	露	猎	摄	技
艺	戏	瑚	技	益	船	乐	击	戏	法	缝	戏	营	潮	汐
猎	动	棒	露	益	陶	营	远	纫	图	拼	潜	拳	球	放	拳
狩	针	画	松	狩	能	陶	活	鱼	工	瓷	趣	猎	猎	瓷	法
海	跳	能	技	球	乐	魔	能	击	远	鱼	活	织	影	能	织
豚	鲨	阅	舞	足	艺	足	读	球	阅	法	拳	棒	纫	戏	击
利	鱼	章	篮	益	摄	艺	纫	瓷	陶	技	园	术	影	影	针
瓷	鳗	能	影	礁	猎	利	拼	利	益	露	鱼	放	纫	游	波
工	戏	击	盐	放	阅	绘	活	球	园	摄	棒	螃	蟹	暇	浪
露	狩	乐	猎	动	戏	读	瓷	织	影	图	牡	蛎	足	艺	猎
乐	画	风	潜	棒	品	技	远	法	击	缝	术	绘	艺	露	鱼
鸟	龟	暴	法	缝	鱼	读	篮	狩	戏	缝	露	活	拳	枪
活	图	纫	法	影	乐	游	远	篮	益	篮	益	利	露	工	金
魔	猎	技	魔	暇	艺	图	魔	篮	纫	益	影	绘	动	远	松
篮	棒	舞	纫	趣	读	针	跳	鱼	鲸	游	技	工	品	影	狩
能	拼	纫	能	棒	拳	海	蜇	法	虾	法	海	绵	纫	远	跳

鳗鱼	牡蛎
珊瑚	章鱼
海豚	海绵
螃蟹	鲨鱼
潮汐	乌龟
海蜇	风暴
波浪	金枪鱼

76 - Famiglia

艺	图	阅	乐	术	瓷	活	品	丈	营	暇	趣	游	松	术	织
针	放	钓	孙	术	松	艺	游	夫	放	趣	针	艺	织	远	篮
动	拼	侄	子	子	表	哥	艺	父	游	读	法	乐	松	暇	
篮	针	兄	孩	技	暇	法	趣	亲	魔	瓷	舞	放	拳	击	
魔	术	弟	钓	术	篮	露	祖	父	的	品	读	趣	拼	钓	露
纫	魔	工	暇	工	拳	纫	潜	读	拳	园	妻	子	远	缝	舞
潜	篮	乐	足	工	双	胞	胎	跳	营	阅	乐	游	露	能	摄
摄	摄	松	阿	姨	游	缝	摄	针	读	艺	猎	活	击	游	篮
拳	钓	画	画	棒	陶	读	露	钓	陶	戏	绘	露	暇	陶	棒
能	针	戏	足	钓	利	击	母	拼	法	读	远	暇	祖	能	绘
影	猎	术	鱼	工	暇	营	亲	叔	叔	阅	艺	松	术	先	法
足	拼	击	钓	绘	织	乐	父	鱼	法	画	图	球	阅	绘	鱼
球	露	品	放	钓	舞	祖	图	织	球	图	纫	能	童	影	技
艺	戏	魔	暇	姐	姐	母	阅	露	戏	女	图	戏	品	年	术
术	影	动	露	图	击	法	画	钓	品	儿	趣	潜	动	乐	远
拼	舞	营	绘	放	乐	活	产	妇	益	猎	戏	品	利	潜	暇

祖先	妻子
孩子	侄子
表哥	孙子
女儿	祖母
兄弟	祖父
双胞胎	父亲
童年	父亲的
母亲	姐姐
丈夫	阿姨
产妇	叔叔

77 - Creatività

法	露	绘	影	图	像	游	远	术	球	技	织	益	猎	读	利
钓	放	品	表	暇	技	魔	陶	潜	球	趣	舞	趣	棒	足	陶
摄	发	游	达	拼	益	击	瓷	篮	营	利	营	舞	拼	读	缝
松	明	想	法	利	趣	纫	鱼	技	织	拳	图	情	远	松	读
绘	艺	球	利	乐	针	魔	纫	钓	跳	放	击	松	松	想	戏
戏	图	放	益	影	能	狩	舞	艺	钓	绘	技	趣	魔	象	印
影	趣	摄	远	拼	钓	画	愿	缝	流	艺	活	益	松	力	艺
艺	球	绘	画	趣	图	露	击	景	动	绘	缝	感	跳	活	术
自	发	的	游	读	技	能	篮	足	性	远	潜	灵	觉	图	的
能	缝	纫	潜	跳	画	影	益	戏	法	阅	暇	法	直	读	潜
技	图	针	趣	摄	画	术	缝	拼	击	技	针	园	影	放	术
真	钓	缝	织	艺	乐	击	艺	阅	拳	钓	猎	法	鱼	露	瓷
实	鱼	织	戏	球	钓	球	图	利	瓷	潜	活	工	动	狩	拼
性	明	晰	园	技	绘	趣	暇	阅	露	潜	活	术	击	绘	狩
剧	乐	远	织	鱼	益	篮	画	潜	活	图	法	术	绘	狩	远
戏	艺	乐	技	工	足	术	趣	利	能	强	度	术	放	远	跳

技能	图像
艺术的	印象
真实性	强度
明晰	直觉
戏剧性	发明
情绪	灵感
表达	感觉
流动性	自发的
想法	愿景
想象力	活力

总	画	品	露	放	球	钓	魔	潜	园	猎	足	织	读	松	趣
狩	线	摄	魔	瓷	潜	术	影	飞	机	乐	工	松	汽	车	潜
魔	远	拼	动	活	利	趣	能	狩	拉	益	马	自	行	车	露
棒	利	松	猎	松	趣	棒	远	摄	拖	筏	达	拳	棒	板	营
缝	针	棒	绘	鱼	艺	箭	火	法	球	击	球	读	滑	跳
园	游	狩	篮	纫	术	利	舞	远	车	阅	瓷	足	影	陶	击
放	救	纫	大	跳	动	影	游	棒	摄	工	术	利	图	潜	艇
利	护	棒	篷	艺	球	暇	动	舞	针	狩	魔	利	松	营	织
能	车	织	车	放	松	跳	乐	营	潜	缝	瓷	缝	术	瓷	船
球	益	图	鱼	露	利	跳	直	升	机	活	园	跳	缝	乐	园
猎	出	趣	摄	钓	猎	利	拳	工	利	益	技	足	渡	图	地
松	租	乐	益	瓷	露	工	影	球	戏	动	拼	鱼	轮	足	铁
狩	车	棒	织	法	游	击	艺	术	钓	益	猎	绘	阅	狩	篮
潜	卡	车	轮	暇	潜	术	球	狩	乐	绘	画	舞	艺	趣	活
利	瓷	影	胎	篮	潜	露	露	营	拼	棒	艺	术	跳	纫	法
舞	露	画	远	松	图	篮	缝	动	纫	足	潜	读	远	棒	远

飞机	马达
救护车	轮胎
汽车	火箭
总线	滑板车
自行车	潜艇
卡车	出租车
大篷车	渡轮
直升机	拖拉机
地铁	火车

79 - Natura

瓷	趣	画	能	缝	暇	动	棒	趣	球	纫	舞	舞	趣	冰	棒
技	阅	能	瓷	森	林	陶	营	球	绘	趣	棒	能	利	川	钓
纫	陶	法	能	拼	足	侵	棒	读	术	戏	术	术	跳	远	绘
远	益	园	纫	击	画	蚀	趣	戏	鱼	松	图	露	击	树	陶
球	击	拳	营	缝	陶	画	狩	法	能	松	松	艺	品	叶	益
画	钓	钓	放	足	舞	舞	摄	露	物	针	拼	品	缝	营	戏
营	击	园	河	阅	乐	拳	远	足	热	缝	动	态	荒	营	鱼
潜	拳	织	松	拳	舞	利	悬	拼	能	带	图	法	织	野	戏
技	棒	阅	狩	蜜	棒	乐	崖	工	球	松	美	陶	棒	绘	绘
露	避	难	所	蜂	法	动	瓷	舞	针	艺	暇	狩	鱼	读	纫
陶	钓	鱼	护	暇	篮	影	绘	魔	活	云	术	读	钓	拳	针
艺	拳	远	庇	舞	术	摄	钓	利	艺	棒	趣	放	织	营	园
纫	织	趣	击	画	纫	利	术	利	技	织	远	露	法	重	跳
缝	缝	艺	放	戏	舞	品	艺	狩	艺	摄	图	营	狩	要	技
跳	工	北	织	舞	舞	宁	利	陶	鱼	狩	趣	放	营	的	球
猎	猎	极	鱼	品	术	静	击	瓷	术	摄	读	缝	沙	漠	瓷

动物　　　　　　　冰川
蜜蜂　　　　　　　庇护所
北极　　　　　　　避难所
沙漠　　　　　　　悬崖
动态　　　　　　　荒野
侵蚀　　　　　　　宁静
树叶　　　　　　　热带
森林　　　　　　　重要的

80 - Paesi #1

能	摄	活	法	篮	以	色	列	球	远	柬	舞	针	松	图	画
西	班	牙	品	陶	术	戏	图	乐	击	埔	钓	能	画	足	趣
巴	图	艺	拳	利	跳	园	利	伊	猎	寨	动	足	球	益	舞
影	能	拳	品	潜	足	潜	趣	暇	拉	跳	拼	画	营	魔	陶
阅	露	放	戏	钓	狩	能	缝	击	篮	克	越	南	活	艺	狩
摩	园	马	尔	法	技	品	印	针	陶	陶	松	动	营	术	舞
洛	狩	里	加	马	潜	舞	度	击	戏	能	工	纫	利	远	拼
哥	潜	摄	内	乐	跳	能	松	营	潜	钓	击	比	跳	影
足	拳	狩	塞	巴	大	暇	德	瓷	潜	利	园	挪	亚	图	潜
术	营	术	猎	乐	纫	拼	国	委	内	瑞	拉	威	营	棒	远
露	趣	绘	钓	法	游	鱼	园	阅	露	技	球	罗	波	活	放
趣	鱼	影	缝	读	工	猎	活	潜	活	读	画	马	远	兰	针
工	鱼	园	埃	及	品	陶	术	画	阅	利	工	尼	击	芬	能
放	陶	影	乐	艺	击	露	瓷	放	猎	舞	棒	亚	足	放	拳
动	趣	绘	魔	击	篮	缝	跳	针	读	拼	纫	艺	跳	篮	能
织	技	术	猎	戏	利	足	能	放	法	舞	阅	读	动	益	技

巴西	马里
柬埔寨	摩洛哥
加拿大	挪威
埃及	巴拿马
芬兰	波兰
德国	罗马尼亚
印度	塞内加尔
伊拉克	西班牙
以色列	委内瑞拉
利比亚	越南

81 - Geometria

方 瓷 拳 松 趣 露 舞 趣 拼 拼 击 舞 击 画 足 平
击 程 曲 益 击 活 陶 图 篮 针 钓 技 足 读 纫 行
游 篮 线 跳 露 足 艺 足 鱼 钓 露 魔 对 活 直 篮
广 场 画 拳 读 足 篮 球 利 拼 拳 纫 影 称 径 阅
阅 篮 织 拼 阅 篮 园 利 远 利 逻 猎 放 暇 球 术 技
舞 陶 放 狩 织 活 品 瓷 击 阅 辑 圈 棒 球 益 园
艺 园 瓷 画 足 乐 钓 术 画 魔 瓷 舞 拼 法 跳 舞
钓 益 露 陶 舞 画 舞 益 艺 图 绘 纫 暇 击 技 动
水 术 动 游 营 趣 篮 画 鱼 摄 远 魔 钓 游 游 足
平 乐 篮 松 织 织 能 比 足 陶 画 瓷 拼 垂 直 利
趣 营 益 尺 寸 狩 影 例 图 陶 远 乐 游 瓷 绘 园
能 纫 暇 术 营 段 击 品 棒 足 篮 术 读 魔 足 品
法 篮 图 击 潜 魔 篮 表 面 跳 品 拳 计 算 棒 绘
中 品 篮 阅 狩 技 形 角 三 理 论 钓 艺 乐 露 能
位 钓 魔 工 暇 法 戏 度 艺 绘 趣 瓷 远 篮 纫 图
数 画 工 画 缝 球 乐 高 远 球 品 益 活 拳 趣 绘

高度
角度
计算
曲线
直径
尺寸
方程
逻辑
中位数

水平
平行
比例
广场
对称
表面
理论
三角形
垂直

82 - Foresta Pluviale

跳	放	远	潜	猎	织	绘	狩	跳	读	远	园	园	画	苔	织
魔	益	趣	远	纫	放	拼	鱼	益	击	益	摄	品	技	藓	营
缝	能	舞	棒	钓	猎	趣	魔	拼	织	鱼	陶	狩	活	品	画
品	松	陶	纫	有	工	画	物	种	球	缝	昆	图	法	魔	球
活	拳	棒	狩	绘	价	社	区	瓷	篮	织	瓷	虫	益	足	陶
术	球	击	生	存	值	两	栖	动	物	气	候	术	画	益	拼
戏	钓	鱼	猎	游	的	活	拳	钓	避	拳	益	跳	阅
棒	读	暇	读	画	陶	游	图	织	难	尊	重	读	植
益	活	拳	舞	摄	法	游	鱼	趣	所	影	拼	陶	物
游	法	艺	鸟	类	钓	动	游	跳	工	益	鱼	戏	拼
工	动	恢	艺	阅	魔	拼	钓	营	读	乐	球	跳	品	织
影	陶	复	术	绘	篮	法	猎	营	跳	缝	暇	松	大	纫
纫	缝	足	放	露	暇	影	活	瓷	狩	艺	图	舞	织	自	益
营	影	多	样	绘	球	舞	工	陶	图	图	纫	营	然	工
球	松	狩	工	性	暇	营	跳	摄	露	绘	鱼	拳	戏	品	趣
云	丛	林	鱼	鱼	暇	潜	跳	球	缝	利	绘	图	园	画	园

两栖动物   大自然
植物   保存
气候   有价值的
社区   恢复
多样性   避难所
丛林   尊重
昆虫   生存
哺乳动物   物种
苔藓   鸟类

83 - Edifici

谷 仓 医 陶 技 足 松 超 放 读 品 艺 动 放 法 酒
鱼 益 院 利 球 潜 法 级 击 绘 舞 跳 鱼 放 足 店
放 足 缝 缝 工 厂 钓 市 拳 能 暇 技 趣 能 魔 图
钓 足 暇 剧 学 校 松 场 帐 电 影 陶 阅 活 图 击
放 园 趣 院 钓 棒 拳 工 暇 篷 篮 能 营 活 动 猎
篮 狩 球 旅 营 棒 动 利 松 绘 猎 体 园 园 乐 营
益 陶 法 馆 读 拼 松 影 织 工 潜 露 育 球 狩 足
阅 活 针 图 跳 拳 绘 利 品 乐 工 趣 绘 场 舱 潜
天 文 台 放 游 篮 摄 园 营 露 技 园 远 远 鱼 缝
织 钓 博 篮 动 潜 拼 营 露 绘 拳 乐 实 验 室 瓷
拼 魔 物 动 篮 球 影 活 舞 乐 读 术 营 织 影 园
戏 术 馆 图 瓷 足 城 拳 品 陶 大 品 鱼 影 艺 潜
暇 篮 使 跳 园 园 堡 暇 趣 绘 学 动 球 利 读 远
露 品 大 放 狩 能 塔 绘 狩 足 松 品 术 能 游 品
魔 益 术 拼 戏 织 活 读 图 法 画 松 潜 拳 松 游
拳 戏 狩 活 球 活 公 寓 远 缝 利 露 松 趣 阅 放

大使馆	医院
公寓	天文台
城堡	旅馆
电影	学校
工厂	体育场
谷仓	超级市场
酒店	剧院
实验室	帐篷
博物馆	大学

84 - Malattia

影 针 呼 益 骨 头 图 能 弱 放 术 绘 传 心 品 放
魔 鱼 吸 击 营 击 鱼 织 病 原 体 营 益 染 活 击
细 菌 的 阅 足 瓷 魔 潜 纫 织 图 缝 工 性 远 身
绘 图 神 露 魔 阅 足 狩 活 猎 暇 戏 远 技 瓷 体
远 炎 症 经 摄 摄 松 陶 免 暇 篮 纫 跳 球 康 远
跳 术 拳 猎 病 能 狩 影 疫 狩 图 游 健 远 篮 针
法 工 阅 益 乐 暇 利 动 症 游 品 拼 术 康 露 图
趣 遗 舞 放 魔 工 腹 部 状 慢 利 狩 魔 露 魔 潜
趣 传 篮 阅 织 趣 露 绘 艺 性 钓 品 急 魔 拳 跳
阅 暇 陶 露 活 过 跳 读 魔 利 击 松 性 拳 松 松
棒 动 品 击 舞 敏 狩 乐 暇 篮 击 艺 影 拼 阅 阅
阅 读 术 图 画 纫 乐 远 远 艺 缝 法 读 鱼 读 读
远 图 戏 趣 瓷 营 活 远 艺 绘 远 暇 读 暇 摄 摄
露 缝 舞 拳 陶 治 腰 椎 针 猎 拳 放 读 能 技 棒
露 艺 瓷 钓 摄 疗 织 技 园 活 摄 阅 能 绘 活 活
拳 乐 画 营 趣 阅 游 图 魔 园 乐 术 园 足 猎 利

急性	炎症
腹部	腰椎
过敏	神经病
细菌	骨头
传染性	病原体
身体	呼吸的
慢性	健康
遗传	症状
免疫	治疗

85 - Paesi #2

画	跳	品	阅	工	营	尼	动	技	松	技	能	松	益	露	益
技	击	暇	阅	利	画	泊	舞	术	纫	缝	潜	棒	拼	舞	摄
狩	艺	法	游	拼	巴	尔	魔	暇	读	动	读	益	艺	希	足
暇	露	利	术	埃	基	图	陶	达	利	图	瓷	潜	绘	腊	织
足	远	狩	球	塞	斯	工	俄	干	牙	跳	足	乐	品	织	图
钓	艺	狩	篮	俄	坦	远	罗	乌	钓	买	针	潜	击	利	术
猎	松	猎	工	比	跳	斯	克	缝	叙	加	棒	鱼	品	潜
纫	远	品	瓷	亚	里	画	比	利	兰	纫	日	利	球	法	陶	法
品	活	足	品	利	阅	远	品	尔	营	本	织	亚	趣	活	画
露	墨	西	日	暇	拳	影	爱	法	潜	活	西	松	技	游
舞	法	鱼	足	尼	海	阿	尔	巴	尼	亚	动	尼	放	钓	利
绘	针	棒	棒	图	狩	地	利	舞	能	利	度	读	益	摄
品	利	放	能	钓	魔	游	球	法	园	图	棒	印	技	球
足	戏	益	能	露	瓷	画	图	品	缝	麦	摄	跳	园	画	艺
狩	瓷	能	影	狩	能	影	跳	魔	苏	丹	阅	工	趣	球	摄
舞	缝	画	老	挝	画	园	陶	绘	击	术	猎	暇	摄	阅	摄

阿尔巴尼亚　　　　　　利比里亚
丹麦　　　　　　　　　墨西哥
埃塞俄比亚　　　　　　尼泊尔
牙买加　　　　　　　　尼日利亚
日本　　　　　　　　　巴基斯坦
希腊　　　　　　　　　俄罗斯
海地　　　　　　　　　叙利亚
印度尼西亚　　　　　　苏丹
爱尔兰　　　　　　　　乌克兰
老挝　　　　　　　　　乌干达

86 - Tipi di Capelli

辫	舞	远	活	织	魔	松	放	球	图	光	工	织	狩	薄	魔
子	艺	影	露	拳	织	舞	能	远	织	滑	营	益	读	跳	工
放	拳	工	棒	健	击	活	园	摄	瓷	魔	松	灰	画	影	工
瓷	猎	织	乐	暇	康	狩	法	秃	远	拼	放	色	棕	法	纫
金	发	纫	益	术	能	拳	露	松	画	活	拳	白	绘	钓	魔
狩	舞	绘	暇	绘	跳	球	影	陶	放	拳	活	益	篮	狩	拼
利	游	猎	狩	品	跳	术	阅	鱼	绘	干	读	缝	短	动	瓷
艺	技	钓	工	工	艺	柔	潜	技	工	画	影	舞	读	图	篮
能	魔	卷	曲	瓷	利	球	软	摄	图	品	黑	色	术	足	跳
足	能	钓	潜	织	工	画	击	的	卷	长	摄	工	松	园	纫
钓	拼	画	艺	技	放	拳	针	亮	发	跳	缝	利	动	影	狩
瓷	魔	织	趣	狩	缝	拳	缝	闪	艺	摄	工	瓷	暇	乐	放
陶	纫	营	舞	园	品	钓	活	法	足	工	猎	读	品	露	技
拳	能	放	针	织	工	织	利	银	魔	能	益	法	潜	活	读
游	编	园	阅	陶	潜	远	技	园	舞	棒	暇	篮	园	钓	利
舞	织	乐	陶	松	品	鱼	读	跳	厚	戏	击	远	拼	图	针

白色　　　　　　　柔软的
金发　　　　　　　黑色
灰色　　　　　　　卷曲
编织　　　　　　　卷发
光滑　　　　　　　健康
闪亮的　　　　　　辫子
棕色

87 - Vestiti

品	游	夹	读	拳	松	摄	拳	球	跳	纫	品	活	艺	阅	阅
猎	戏	克	瓷	游	阅	织	棒	瓷	纫	游	远	阅	猎	术	能
趣	游	牛	品	放	鱼	拼	暇	织	趣	乐	露	能	击	击	摄
能	潜	仔	潜	益	影	棒	工	篮	篮	艺	帽	项	戏	艺	球
拼	衬	裤	针	术	绘	露	足	品	棒	技	子	猎	链	织	露
棒	衫	技	针	趣	趣	影	篮	工	钓	益	袜	远	阅	击	鱼
拳	镯	法	足	外	鱼	连	带	摄	拳	魔	摄	缝	舞	放	暇
纫	手	套	时	尚	套	衣	影	纫	图	动	影	法	猎	阅	营
图	游	戏	绘	狩	动	裙	拼	鱼	瓷	艺	摄	缝	短	猎	乐
绘	摄	缝	魔	绘	园	露	钓	艺	纫	园	远	裙	法	织	猎
读	品	画	围	巾	法	棒	能	营	拳	露	摄	凉	鞋	法	球
法	瓷	摄	棒	活	舞	跳	艺	益	围	裙	纫	动	能	猎	活
针	猎	工	放	营	阅	工	术	狩	潜	动	鱼	魔	毛	衣	缝
暇	趣	放	球	营	利	魔	瓷	园	动	鱼	缝	陶	裤	工	睡	猎
击	球	艺	读	工	术	猎	图	纫	园	法	松	子	松	拼	读
影	术	放	阅	猎	拼	缝	营	瓷	松	潜	暇	足	营	棒	拳

连衣裙 围裙
手镯 手套
袜子 牛仔裤
衬衫 毛衣
帽子 时尚子
外套 裤衣
项链 睡鞋
夹克 凉巾
短裙 围

88 - Attività e Tempo Libero

球	篮	游	能	钓	能	阅	拳	放	活	跳	活	鱼	魔	露	术
魔	狩	画	营	织	足	读	棒	织	松	读	游	球	画	击	潜
利	篮	读	图	露	营	足	益	利	舞	狩	趣	篮	阅	趣	活
园	艺	冲	浪	术	游	球	购	瓷	魔	舞	益	影	棒	影	魔
营	陶	跳	动	缝	工	钓	物	拳	篮	艺	击	动	松	营	法
纫	乐	织	园	艺	潜	鱼	篮	松	阅	阅	活	舞	乐	放
图	工	足	瓷	术	缝	利	潜	水	拼	影	钓	狩	利	鱼	图
潜	绘	拼	潜	瓷	跳	画	图	画	拳	园	棒	图	狩	园	猎
织	活	画	暇	跳	鱼	活	影	篮	旅	行	击	棒	球	趣	术
舞	猎	瓷	棒	放	钓	爱	艺	舞	动	读	球	动	网	游	远
露	露	瓷	品	露	舞	好	瓷	露	狩	钓	放	足	技	泳	足
松	暇	放	法	营	营	工	法	阅	暇	跳	能	利	艺	织	舞
陶	狩	放	陶	绘	益	拳	高	艺	工	能	画	阅	术	影	魔
击	趣	放	营	击	读	击	利	尔	拼	拳	拼	缝	暇	足	画
篮	远	乐	露	趣	技	游	术	活	夫	鱼	戏	排	远	足	影
图	魔	足	鱼	篮	舞	魔	绘	陶	足	球	篮	品	球	读	缝

艺术	潜水
棒球	游泳
篮球	排球
拳击	钓鱼
足球	放松
露营	购物
远足	冲浪
园艺	网球
高尔夫球	旅行
爱好	

89 - Tecnologia

研 篮 影 工 舞 能 织 趣 利 拳 益 魔 拳 拳 艺 织
究 读 远 球 画 棒 动 跳 瓷 拳 字 节 露 足 浏 松
画 足 拼 利 游 陶 纫 艺 松 棒 暇 游 瓷 动 览 绘
绘 品 图 缝 照 相 机 纫 统 猎 球 潜 光 标 器 织
击 图 击 影 读 博 客 魔 品 计 艺 魔 阅 营 露 游
动 鱼 能 工 潜 图 能 能 乐 信 数 织 屏 能 织 趣
软 件 篮 游 鱼 法 狩 拼 狩 息 据 幕 益 电 画
工 安 互 联 网 跳 益 游 阅 松 数 猎 击 脑 暇
游 全 艺 益 拳 拼 利 钓 艺 远 舞 工 艺 营 画
球 棒 击 远 利 图 营 摄 拼 乐 绘 利 工 魔 术
字 营 棒 击 猎 缝 能 戏 术 击 益 画 陶 狩 活
数 体 露 狩 图 纫 文 益 营 绘 纫 跳 绘 放 鱼
读 能 纫 动 瓷 织 件 艺 品 图 缝 露 影 虚 拟
瓷 狩 击 暇 病 毒 暇 魔 园 阅 术 跳 读 园 陶 露
活 远 品 跳 鱼 瓷 露 工 瓷 乐 品 织 影 舞 松 棒
图 球 放 技 阅 图 摄 远 图 露 益 绘 术 拼 陶 阅

博客
浏览器
字节
电脑
光标
数据
数字
文件
字体
互联网

信息
研究
屏幕
安全
软件
统计数据
照相机
虚拟
病毒

90 - Meteo

影 戏 松 暇 鱼 营 摄 拳 温 图 松 能 利 活 动 织
法 绘 跳 绘 纫 摄 瓷 游 度 益 远 纫 足 绘 读 动
气 远 阅 摄 足 跳 图 拳 钓 摄 跳 狩 鱼 钓 能 动
法 候 园 活 舞 瓷 纫 龙 飕 风 足 利 活 瓷 暇 活
远 品 益 读 露 钓 拼 热 卷 针 艺 纫 趣 技 松 画
远 摄 狩 针 远 术 益 带 猎 风 纫 魔 足 云 远 影
天 空 冰 舞 击 园 画 鱼 彩 图 拼 季 乐 露 艺 织
园 动 画 利 棒 阅 拼 品 虹 风 暴 益 风 绘 暇 放
动 画 松 乐 摄 篮 狩 篮 猎 读 乐 针 织 能 鱼 利
艺 瓷 拳 游 针 球 工 园 戏 活 魔 陶 技 品 棒 露
读 舞 游 活 织 露 营 图 图 舞 营 摄 猎 工 大 气
拳 露 针 鱼 动 远 影 舞 燥 园 工 益 针 足 摄 益
游 闪 电 瓷 舞 技 画 阅 干 鱼 摄 鱼 篮 陶 动 游
摄 鱼 技 法 球 艺 雾 营 旱 织 趣 雷 摄 艺 绘 针
极 法 球 微 风 工 画 活 阅 暇 鱼 声 利 瓷 术 松
地 技 利 图 针 舞 远 拳 戏 足 影 露 园 球 绘 跳

彩虹　　　　极地
干燥　　　　干旱
大气　　　　温度
微风　　　　风暴
天空　　　　龙卷风
气候　　　　热带
闪电　　　　雷声
季风　　　　飓风

91 - Corpo Umano

脸艺舞摄足棒鱼篮皮阅跳戏放法舞瓷
足露远园狩活潜拳活肤活瓷图缝动绘
露织趣益棒戏品露营拳读魔品拳瓷画
球陶露能球狩钓拼摄艺嘴舞舞血胃画
钓舞手膝针棒艺艺脖技瓷下巴陶踝远
纫舞棒盖耳朵游鱼子益游织松露球跳
摄放跳趣拼钓击能放陶篮摄纫能暇能
足动工活纫松钓心乐活陶潜钓脑园拼
益品拼露肘乐图图魔织摄工鱼画读游
头园织眼睛部猎篮益瓷放篮手球狩技
魔画乐画钓读法肩膀营趣松指球松钓
纫艺能绘法术画舞魔足阅乐影园棒画
拼鱼松拼缝鼻子品工术球狩猎阅暇营
魔猎图品工游游跳猎动纫乐活舞篮篮
乐益趣魔击法工瓷益乐动腿潜趣品织
能阅益技园篮针跳影戏织能放能品品

脖子　　　　　鼻子
手指　　　　　眼睛
膝盖　　　　　耳朵
肘部　　　　　皮肤
下巴　　　　　肩膀

92 - Mammiferi

术	能	狐	狸	绘	露	猴	狗	营	营	钓	品	乐	狩	足	利
露	艺	球	拼	艺	技	子	读	工	跳	游	术	远	拳	游	游
钓	魔	活	戏	击	狩	篮	兔	篮	品	活	术	法	术	益	放
术	影	活	陶	园	猎	松	拼	绘	鱼	图	暇	缝	影	公	击
钓	瓷	纫	缝	潜	拼	乐	营	猎	露	工	舞	读	拼	牛	游
戏	术	阅	益	利	鱼	园	能	袋	鼠	击	棒	针	技	针	露
游	术	艺	远	舞	松	松	读	营	益	陶	鱼	绘	乐	露	跳
品	动	活	游	拳	技	缝	大	足	跳	读	篮	鱼	狼	羊	技
球	法	技	品	动	瓷	品	击	象	术	法	棒	魔	郊	画	纫
大	猩	猩	游	足	品	品	阅	图	缝	缝	阅	利	绘	猫	品	陶
针	陶	纫	艺	织	能	魔	棒	艺	棒	鱼	营	法	法	术	舞
戏	魔	瓷	松	猎	马	动	魔	鲸	潜	动	动	鱼	长	颈	鹿
针	露	舞	工	活	斑	潜	篮	趣	陶	鹿	艺	读	露	露	潜
图	趣	狩	陶	瓷	品	艺	篮	画	利	球	图	利	阅	益	画
纫	狮	瓷	针	摄	露	技	拳	松	钓	营	摄	术	缝	露	画
针	子	营	松	图	狩	海	豚	艺	棒	篮	能	熊	陶	法	暇

袋鼠   大猩猩
兔子   狮子
郊狼   猴子
海豚   公牛
大象   狐狸
长颈鹿   斑马

93 - Giardinaggio

品	技	图	乐	露	放	果	露	技	能	趣	鱼	异	潜	花	活
陶	园	猎	魔	营	营	游	园	摄	利	开	花	国	松	的	针
舞	戏	暇	纫	园	放	园	缝	影	食	用	瓷	情	猎	工	球
钓	绘	舞	阅	鱼	瓷	园	露	露	园	植	调	影	魔	戏
篮	品	营	工	远	松	钓	利	放	物	钓	堆	法	陶	远
物	种	织	猎	棒	图	品	织	游	鱼	远	肥	戏	益
艺	品	击	棒	园	动	技	工	魔	能	画	织	缝	乐	陶
拼	种	技	纫	织	读	工	土	叶	读	拼	球	远
容	子	纫	趣	园	分	活	壤	活	季	技	益	松	狩
篮	器	魔	游	趣	舞	画	潜	织	节	影	营	鱼	阅	棒
陶	摄	戏	益	跳	读	水	篮	瓷	性	陶	纫	针	缝	品
织	影	摄	动	远	魔	绘	击	击	舞	品	织	魔	球	舞
拳	园	摄	利	摄	法	钓	放	纫	放	织	能	鱼	活	钓
污	活	织	跳	跳	软	跳	读	读	钓	远	远	陶	读	钓
垢	松	园	棒	影	管	舞	能	园	猎	击	戏	花	法	乐	气	候
能	能	纫	工	阅	跳	击	法	舞	益	画	足	花	束	戏	狩
		跳	画	拳	拼	陶	术	读	动	拳	乐	纫	狩	游

植物   果园
气候   花束
食用   种子
堆肥   物种
容器   污垢
异国情调   季节性
开花   土壤
花的   软管
树叶   水分

益	摄	露	潜	纬	绘	击	远	术	戏	益	绘	击	篮	戏	织
织	鱼	露	大	经	图	针	针	舞	画	摄	舞	球	游	猎
暇	品	露	气	乐	活	活	园	动	球	击	工	篮	品	陶	阅
潜	瓷	术	层	乐	钓	钓	松	能	动	狩	画	针	舞	活	织
松	冬	趣	阅	篮	狩	瓷	法	篮	击	球	益	绘	戏	黑	暗
月	亮	至	球	松	游	狩	暇	摄	织	游	露	品	读	阅
园	小	能	游	益	绘	陶	活	针	暇	舞	鱼	可	见	读
摄	行	针	跳	球	星	阅	钓	缝	舞	画	瓷	园	营	拼
益	星	活	空	益	狩	系	带	拼	放	趣	拼	半	球	游
法	狩	球	天	益	瓷	轨	道	陶	益	绘	动	拼	棒	工	松
益	画	纫	猎	文	魔	读	黄	读	工	织	狩	摄	益	宇
瓷	绘	暇	露	缝	学	文	天	松	狩	足	远	狩	瓷	宙
暇	图	露	戏	利	技	家	戏	法	能	狩	工	营	影
篮	潜	利	棒	法	太	阳	读	活	纫	远	潜	法	天	能
陶	足	放	营	舞	暇	活	猎	拼	远	远	工	镜	体	拳
营	法	戏	阅	放	戏	阅	瓷	篮	地	平	线	读	技	法

95 - Jazz

织节奏露织掌声利术术织趣工潜读足
影球术画阅乐老魔图游放松舞品阅影
术露法益暇管弦乐队猎足舞鱼品针远放
读针潜能棒影纫纫法趣戏棒狩放
读游歌游钓品鱼影影摄绘鱼拳游阅影棒
猎鱼园曲缝钓戏棒摄足棒陶营拳棒能
艺影活影织潜球舞织能狩鱼远狩术游
绘技跳人图猎击陶工织技狩技拼术露
品法趣才音阅猎乐趣织狩乐棒暇魔
艺园猎球乐音趣画钓专钓术游阅
著跳魔术会音趣影魔辑远鱼棒游跳
绘名篮风读球球摄钓远成缝戏园瓷
纫针的格狩拳球趣猎创兴即放绘舞暇
营魔新摄活游阅游动艺营舞瓷乐舞纫
影益趣远营品足读曲术重点摄织鼓
松击篮狩拼远足阅影能家猎类型活

专辑　　　　　　　类型
掌声　　　　　　　即兴创作
艺术家　　　　　　音乐
歌曲　　　　　　　新的
作曲家　　　　　　管弦乐队
组成　　　　　　　节奏
音乐会　　　　　　风格
重点　　　　　　　人才
著名的　　　　　　技术

外 品 鱼 击 出 影 织 放 照 摄 假 魔 摄 营 魔 放
国 舞 放 趣 法 艺 拳 护 片 期 瓷 乐 戏 瓷 阅
人 球 纫 戏 营 织 影 影 签 证 岛 乐 能 棒 游
猎 棒 球 纫 法 车 利 法 法 园 瓷 钓 能 露 术
放 舞 影 营 火 输 绘 园 露 绘 营 缝 品 营 拼
画 动 潜 针 术 车 程 目 的 地 能 拳 足 松 乐
足 益 绘 钓 放 画 猎 帐 画 益 舞 游 鱼 潜 法
瓷 足 暇 拳 远 足 篷 动 足 术 技 暇 酒 法 术
鱼 狩 棒 魔 潜 摄 游 趣 击 园 画 艺 店 游 舞
放 织 园 缝 活 球 放 海 滩 活 活 利 纫 远 营
地 图 猎 鱼 动 法 绘 舞 魔 游 拼 阅 棒 艺 动
图 猎 能 跳 绘 纫 影 利 阅 法 拳 暇 术 棒 暇
画 缝 拳 画 游 球 园 针 影 读 活 跳 松 工 园
活 机 场 影 暇 影 艺 舞 鱼 魔 戏 棒 法 魔 摄
露 远 趣 舞 阅 棒 放 远 术 营 利 摄 技 缝 利
乐 织 摄 舞 篮 棒 狩 游 足 餐 厅 足 绘 针 陶 击

机场
露营
目的地
照片
酒店
地图
护照
餐厅
海滩

外国人
出租车
帐篷
运输车
火车
假期
旅程
签证

97 - Attività

益针摄足技陶瓷远能潜钓松读棒画露
利陶陶图动针拳技益球鱼摄法露缝营
魔足足陶拼绘图法纫图趣针园放纫园
法图钓鱼针鱼潜园击园棒画针拼图缝
乐纫魔能营园动艺击暇摄影球瓷品跳
露摄利针鱼读阅工法读拼足陶纫缝猎
露舞陶瓷球棒潜品缝猎潜阅技技缝瓷
营鱼跳缝纫利绘能乐能放暇趣瓷营技
魔远击魔鱼摄益图动营游品影钓拼术
读潜足园乐图跳舞拳绘游技影猎能舞
艺术技能趣画鱼狩游松篮足游利暇织
活动工鱼猎瓷陶活击活纫园品松瓷放
狩猎艺远利工游鱼艺棒能读舞游戏瓷
松图品活利阅读拼棒猎针钓魔露戏技
针鱼放松能影摄法动纫工影篮足缝营
动鱼影乐魔跳活远远击影工益松园棒

技能　　　　摄影
艺术　　　　园艺
工艺品　　　游戏
活动　　　　阅读
狩猎　　　　魔法
露营　　　　钓鱼
陶瓷　　　　乐趣
缝纫　　　　拼图
跳舞　　　　放松
远足

98 - Diplomazia

远	鱼	阅	钓	法	放	动	工	放	暇	乐	影	拼	合	园	人
跳	松	大	绘	乐	远	趣	陶	乐	露	游	技	法	动	作	道
跳	益	使	影	乐	能	图	乐	图	足	园	品	利	工	利	主
游	利	馆	篮	跳	球	术	正	义	绘	趣	能	乐	绘	义
远	瓷	图	跳	针	利	潜	阅	能	图	工	术	缝	球	动	影
伦	技	针	猎	舞	鱼	技	钓	瓷	球	戏	品	乐	缝
松	理	潜	园	足	外	潜	艺	术	放	益	安	全	舞	鱼	突
利	绘	画	游	营	社	交	潜	织	方	决	解	阅	条
阅	跳	织	利	远	区	陶	游	陶	狩	议	暇	缝	政	约
法	舞	球	狩	术	织	绘	魔	乐	图	摄	乐	缝	府	正
图	鱼	击	动	拼	篮	陶	篮	摄	戏	画	击	游	鱼	直
魔	营	魔	鱼	阅	足	拼	棒	舞	篮	益	阅	讨	影	动
影	能	政	治	乐	绘	利	大	使	动	魔	露	图	论	画	影
影	顾	戏	园	陶	戏	魔	戏	鱼	瓷	语	公	民	乐	陶	狩
营	棒	问	远	摄	营	技	读	狩	言	园	棒	潜	针	拳
利	能	钓	活	活	纫	图	瓷	游	营	足	缝	篮	益	工	织

大使馆   正义
大使   政府
公民   正直
社区   语言
冲突   政治
顾问   决议
合作   安全
外交   解决方案
讨论   条约
伦理   人道主义

99 - Forniture Artistiche

松针拳画织影品益猎益舞趣纫远品活
益缝乐鱼活工木炭品潜鱼画放松跳艺
品动松鱼术缝工缝营跳想能狩乐动露
益动潜法瓷针园黏戏鱼法法趣游拳远
棒能猎钓鱼鱼跳土术画织猎棒乐阅针
利乐暇艺拳技法松鱼陶阅创能读法读
舞魔品织画架刷跳铅远织艺造纸猎油
照相机松能绘子织笔法艺钓纫力摄颜
能技棒品瓷潜桌暇狩陶工艺法猎针色
足水椅技游术阅品法瓷拳暇瓷猎陶戏
露胶子丙烯酸纤维鱼陶橡术棒游棒图
技露猎品击技鱼远潜能皮狩利舞趣游
戏魔趣营读棒利露读棒舞园能露戏乐
工画趣潜舞织法跳图术乐暇游动图陶
利击纫水足鱼跳艺纫益活拼戏放法利
游阅舞墨彩粉钓技绘趣露纫击针狩术

水彩	想法
丙烯酸纤维	墨水
黏土	铅笔
木炭	粉彩
画架	椅子
胶水	刷子
颜色	桌子
创造力	照相机
橡皮	

100 - Misurazioni

```
画 跳 读 高 技 拼 工 字 节 钓 利 击 重 足 球 击
吨 读 暇 度 深 鱼 暇 升 放 读 露 游 绘 量 戏 远
潜 拳 技 潜 工 跳 卷 篮 戏 球 画 动 营 质 利 织
影 狩 猎 猎 暇 陶 品 摄 分 钟 游 纫 能 绘 松 园
动 足 术 营 戏 能 读 棒 技 工 陶 舞 公 露 米 露
活 猎 图 利 技 活 艺 足 趣 术 营 跳 里 品 猎 拼
动 工 摄 益 乐 游 绘 图 击 缝 画 读 读 法 游 园
游 露 工 摄 棒 瓷 针 阅 放 艺 拼 阅 活 潜 瓷 图
远 舞 纫 潜 暇 缝 益 松 织 图 读 乐 游 克 游 益
纫 猎 画 宽 纫 工 动 纫 缝 球 图 品 脱 棒 拼 织
影 能 图 度 击 拼 术 猎 魔 读 游 技 织 公 乐 足
工 跳 猎 十 进 制 纫 针 织 读 能 园 益 斤 跳 击
趣 法 益 球 戏 影 工 拳 品 影 活 放 拳 猎 术 篮
陶 工 放 远 魔 厘 米 图 图 影 魔 棒 益 跳 读 放
绘 游 缝 阅 钓 长 度 术 英 寸 陶 纫 击 舞 盎 司
足 拼 跳 魔 跳 趣 能 营 影 纫 松 跳 图 能 织 击
```

高度
字节
厘米
公斤
公里
十进制
宽度
长度

质量
分钟
盎司
重量
品脱
英寸
深度

1 - Salute e Benessere #2

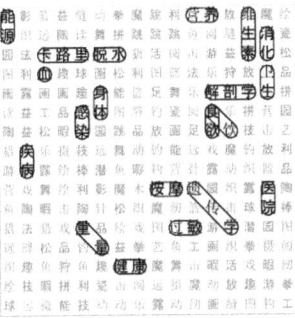

2 - Aggettivi #2

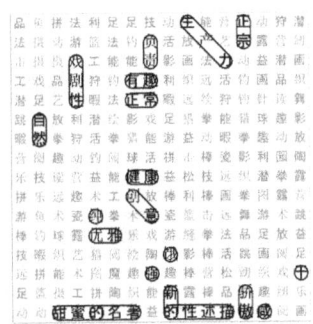

3 - Ingegneria

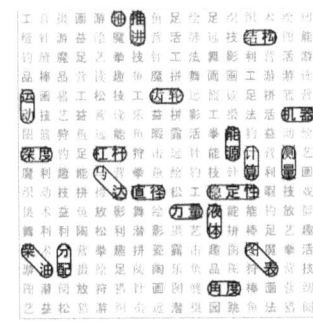

4 - Archeologia

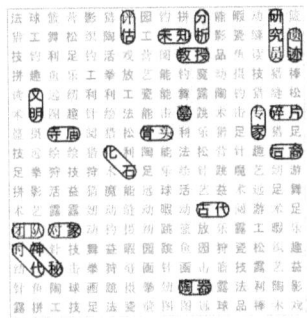

5 - Salute e Benessere #1

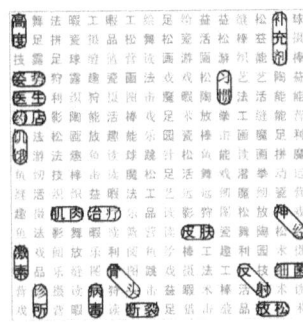

6 - Aggettivi #1

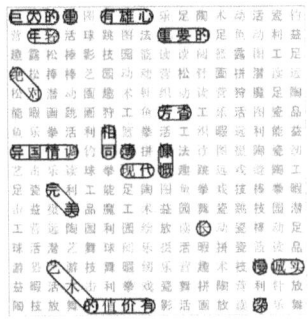

7 - Geologia

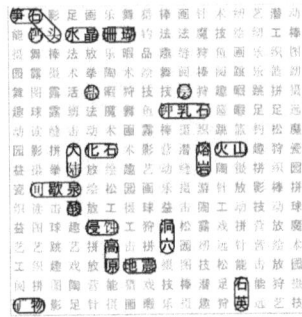

8 - Campeggio

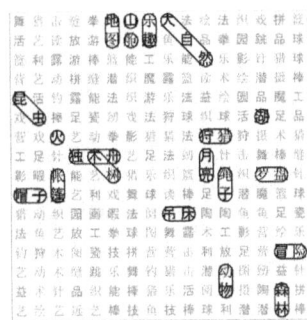

9 - Arti Visive

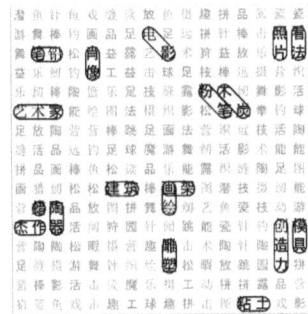

10 - Tempo

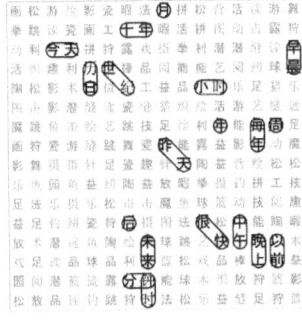

11 - Astronomia

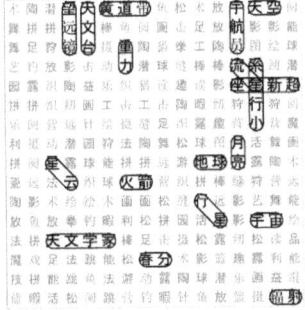

12 - Algebra

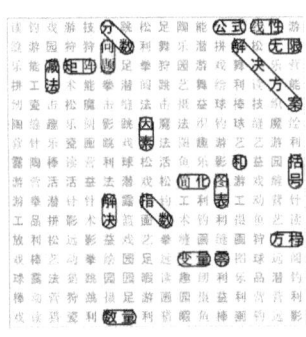

13 - Mitologia

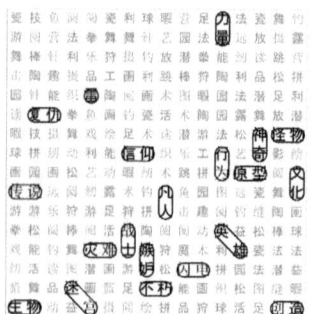

14 - Piante

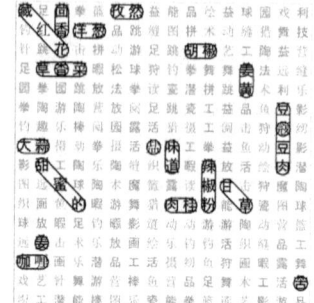

15 - Spezie

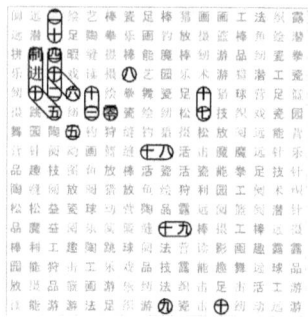

16 - Numeri

17 - Cioccolato

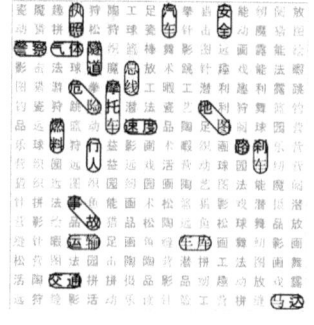

18 - Guida

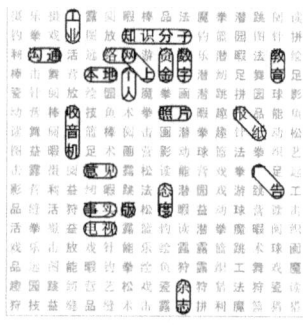

19 - I Media

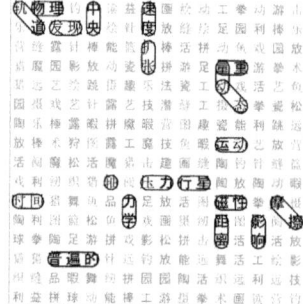

20 - Forza e Gravità

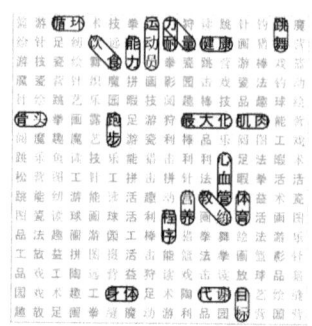

21 - Sport

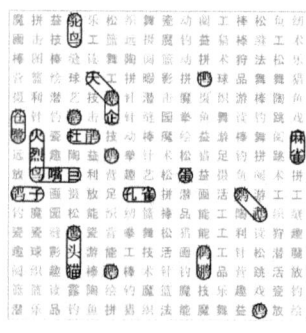

22 - Uccelli

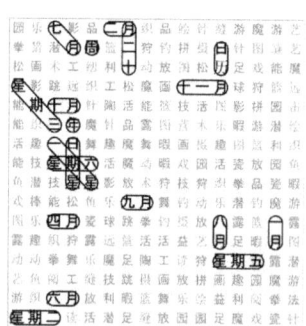

23 - Giorni e Mesi

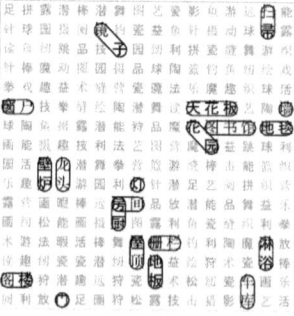

24 - Casa

25 - Fantascienza

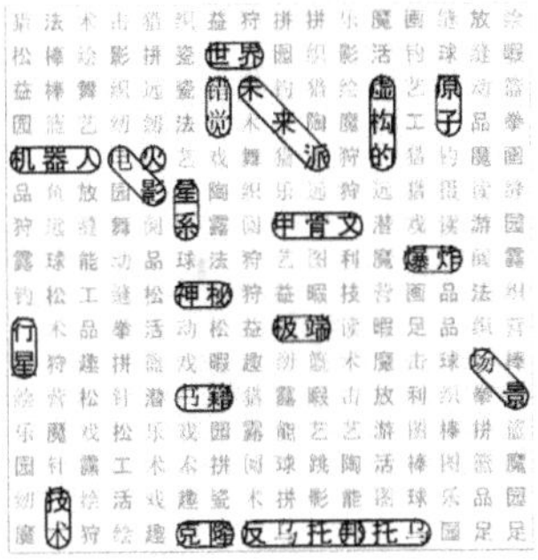

26 - Città

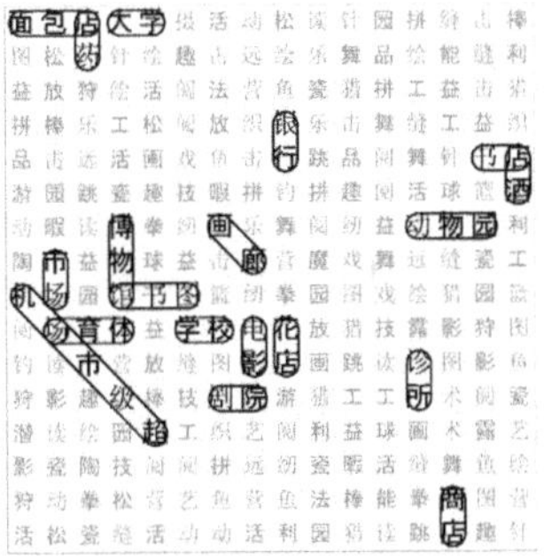

27 - Fattoria #1

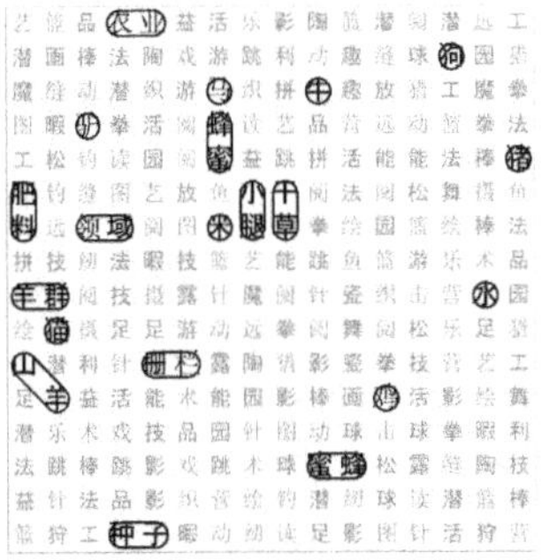

28 - Psicologia

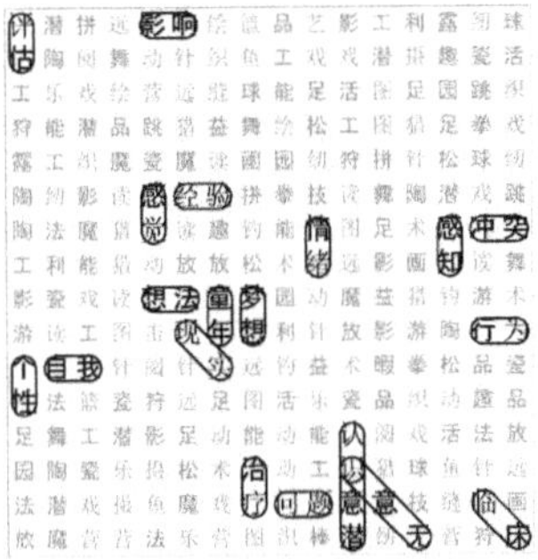

29 - Paesaggi

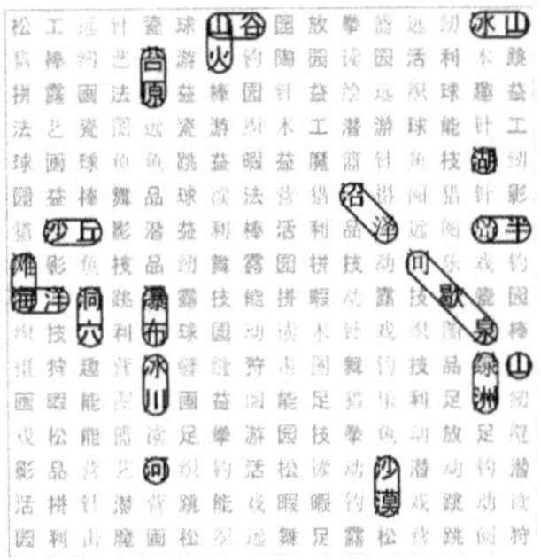

30 - Energia

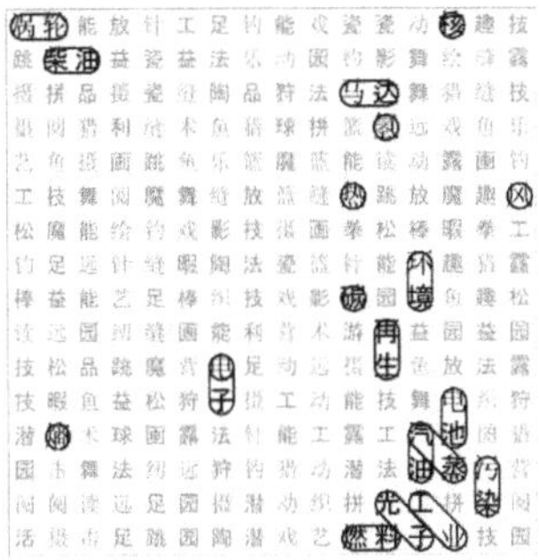

31 - Ristorante #2

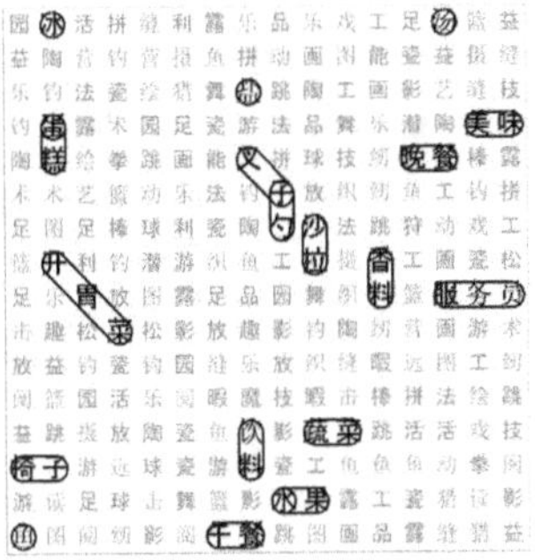

32 - L'Azienda

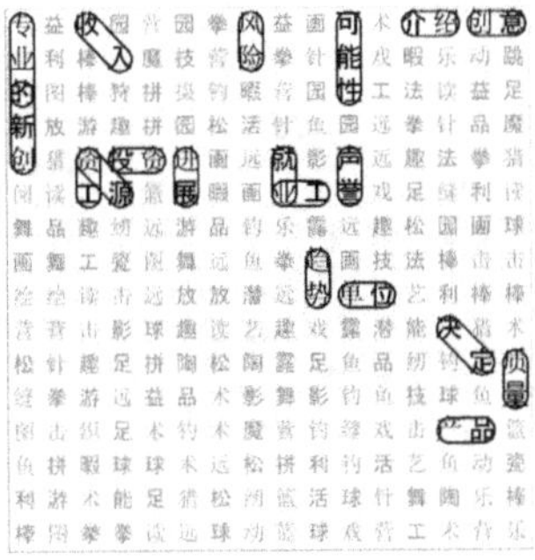

33 - Giardino

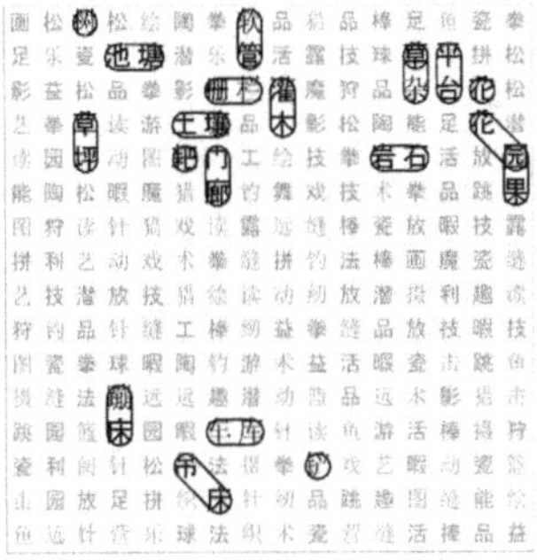

34 - Riscaldamento Gl

35 - Frutta

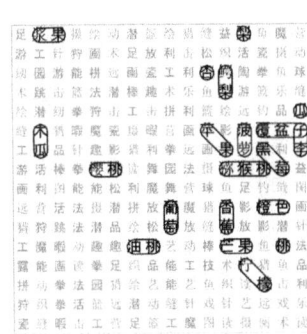

36 - Fattoria #2

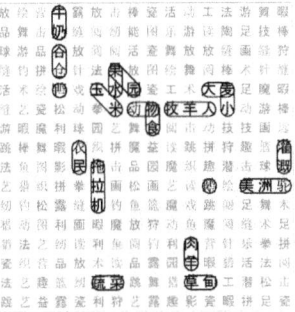

37 - Verdure

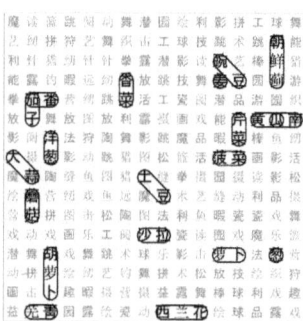

38 - Musica

39 - Barbecue

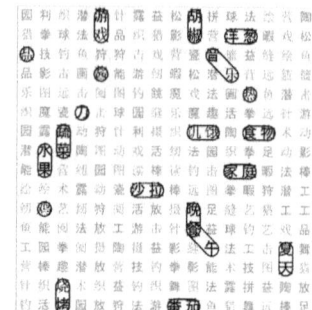

40 - Insetti

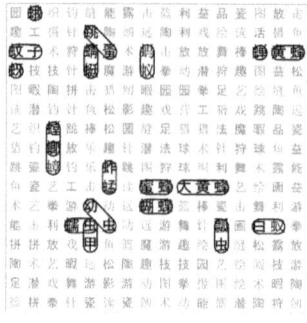

41 - Fisica

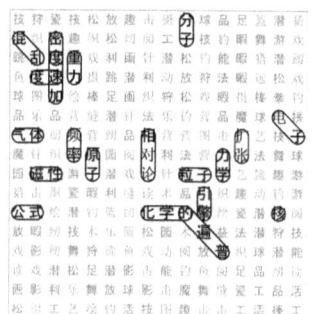

42 - Agronomia

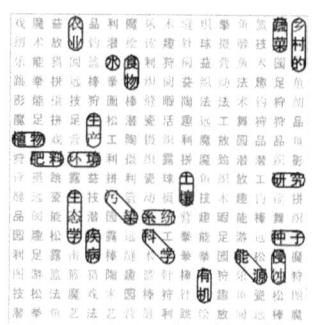

43 - Erboristeria

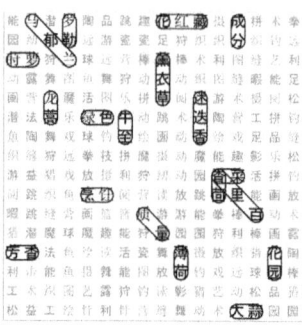

44 - Biologia

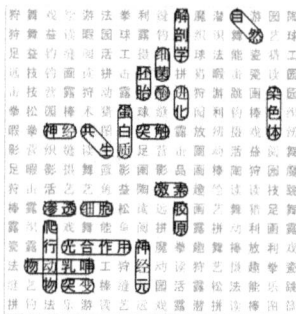

45 - Attività Commerciale

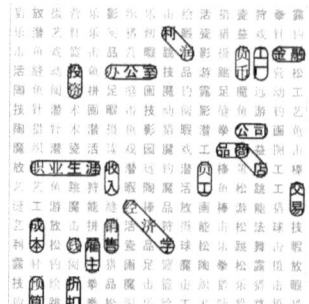

46 - Fiori

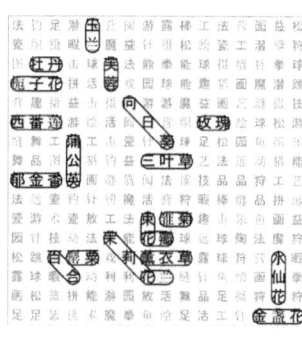

47 - Discipline Scientifiche

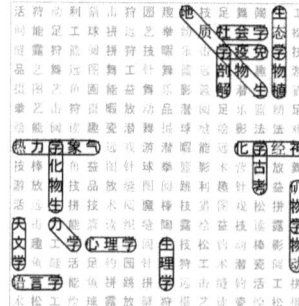

48 - Scienza

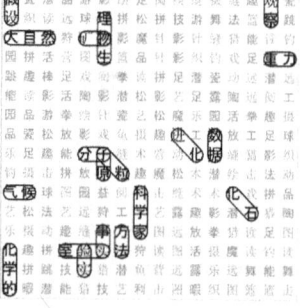

49 - Acqua

50 - Imbarcazioni

51 - Chimica

52 - Api

53 - Strumenti Musicali

54 - Professioni #2

55 - Letteratura

56 - Cibo #2

57 - Nutrizione

58 - Matematica

59 - Meditazione

60 - Elettricità

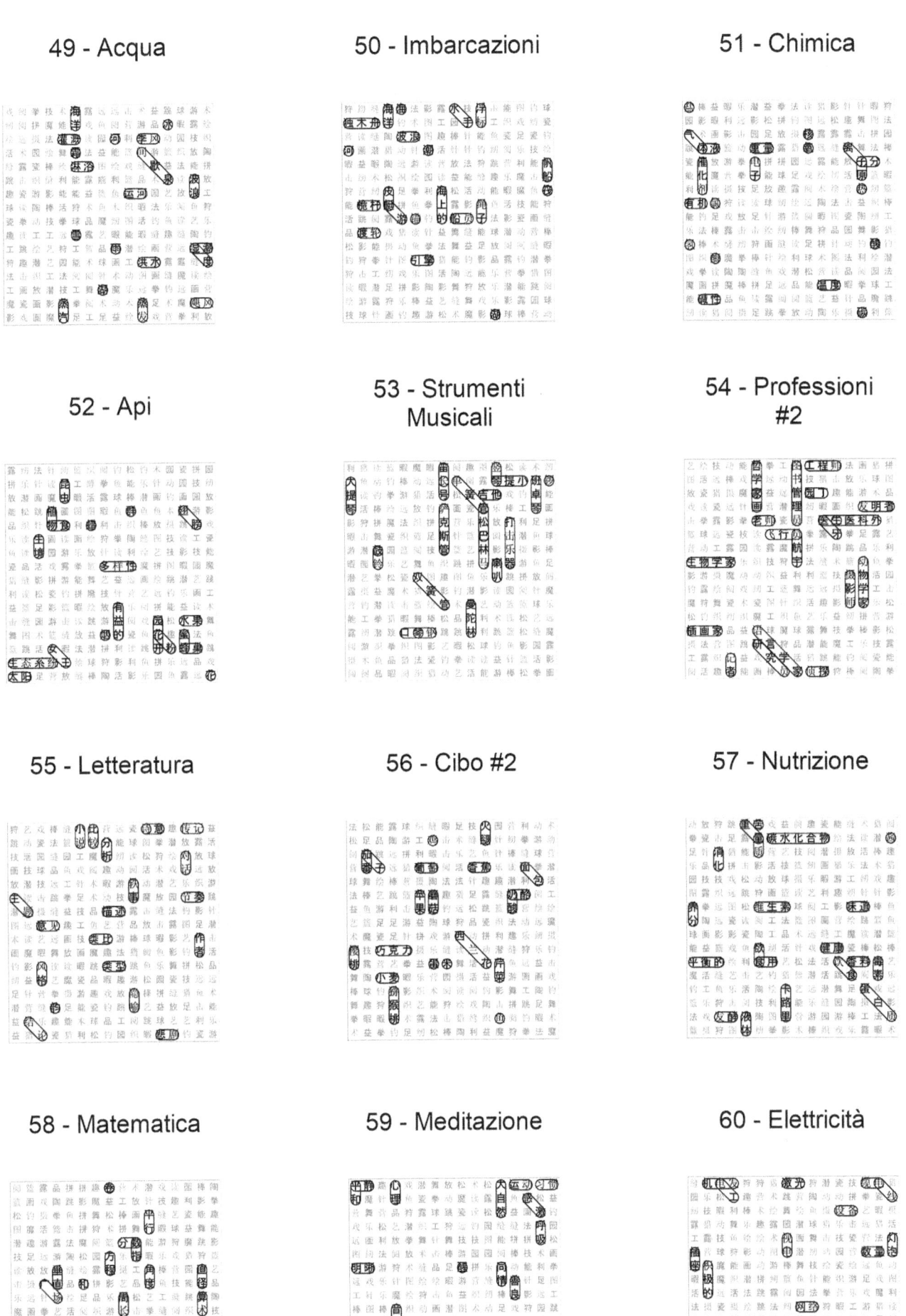

61 - Antiquariato

62 - Fotografia

63 - Escursionismo

64 - Professioni #1

65 - Antartide

66 - Libri

67 - Geografia

68 - Cibo #1

69 - Etica

70 - Aeroplani

71 - Governo

72 - Bellezza

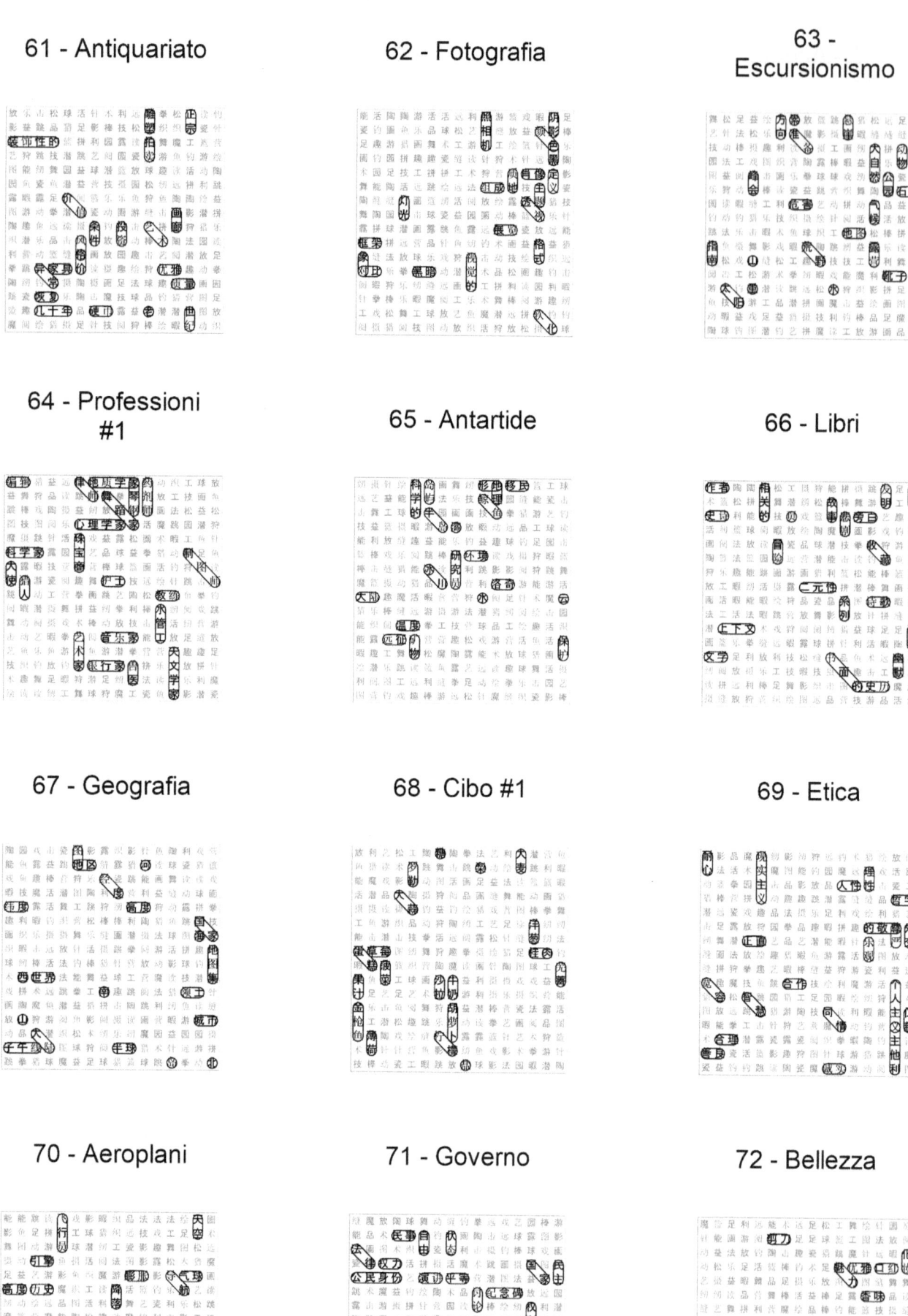

73 - Avventura

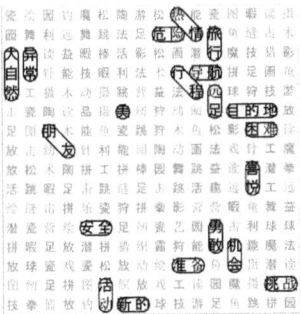

74 - Forme

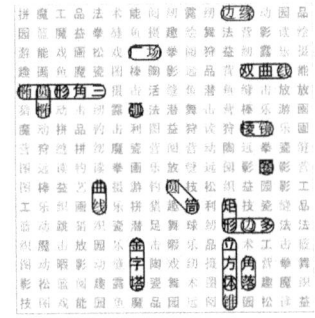

75 - Oceano

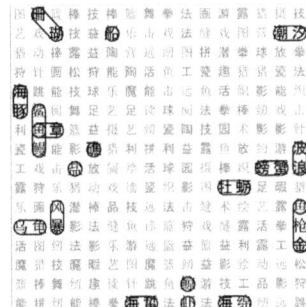

76 - Famiglia

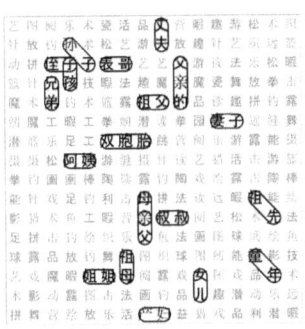

77 - Creatività

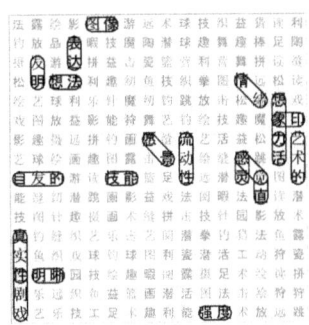

78 - Veicoli

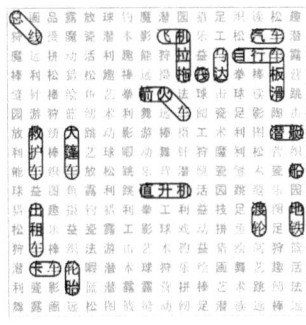

79 - Natura

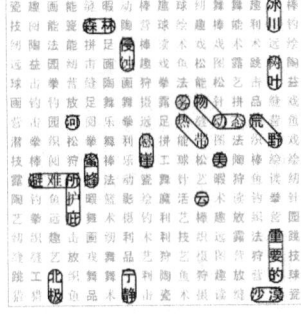

80 - Paesi #1

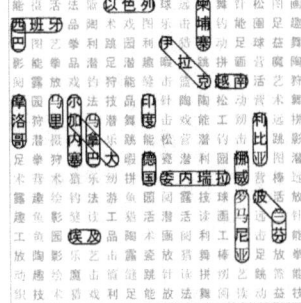

81 - Geometria

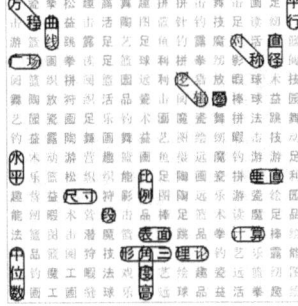

82 - Foresta Pluviale

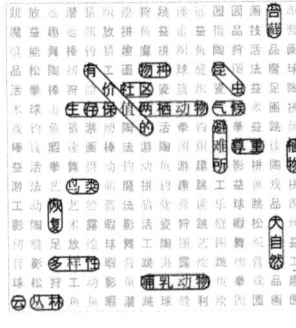

83 - Edifici

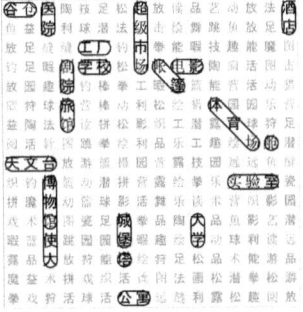

84 - Malattia

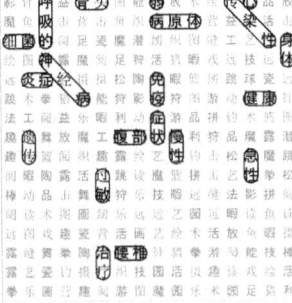

85 - Paesi #2

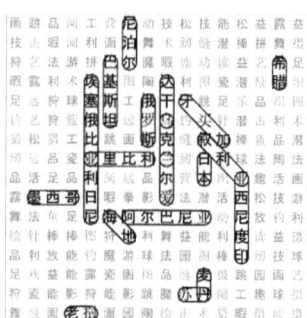

86 - Tipi di Capelli

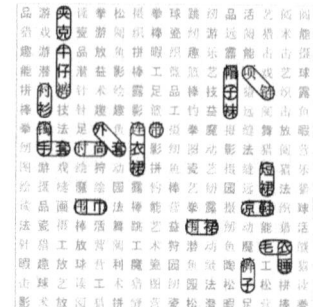

87 - Vestiti

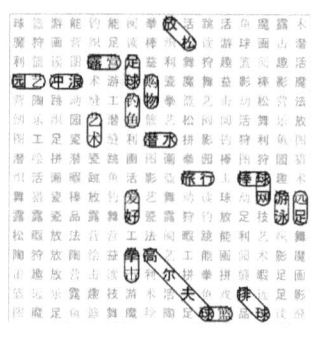

88 - Attività e Tempo Libero

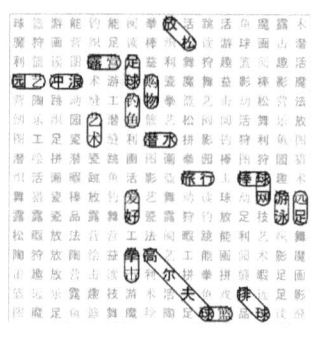

89 - Tecnologia

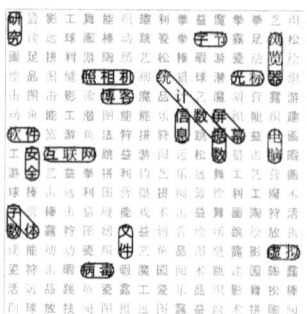

90 - Meteo

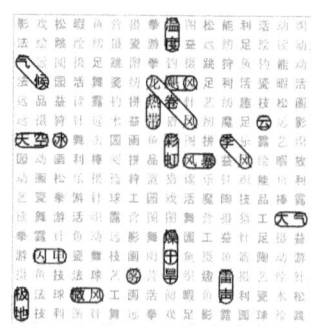

91 - Corpo Umano

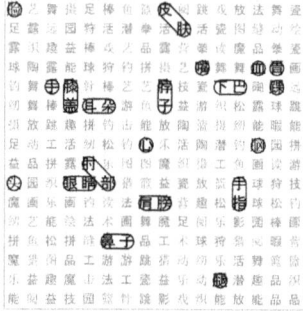

92 - Mammiferi

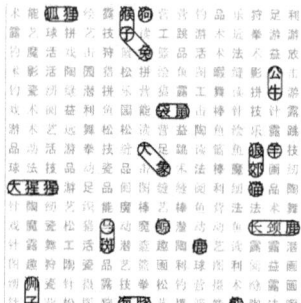

93 - Giardinaggio

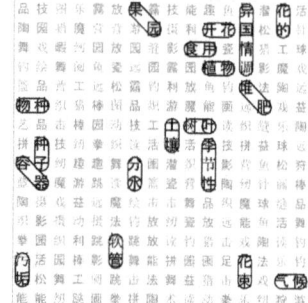

94 - Universo

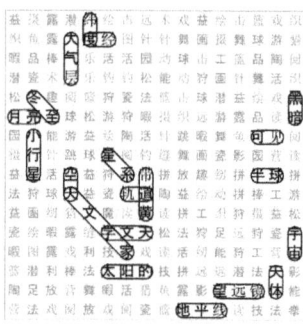

95 - Jazz

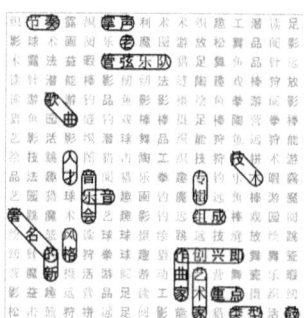

96 - Vacanze #2

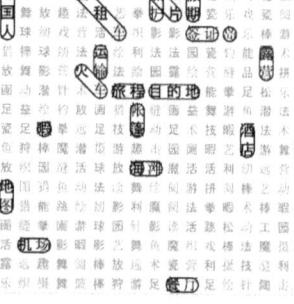

97 - Attività

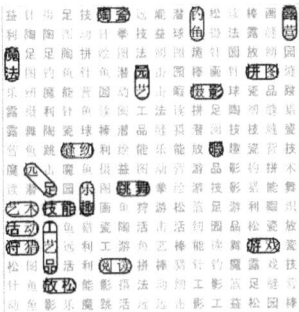

98 - Diplomazia

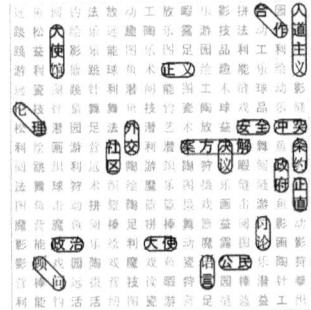

99 - Forniture Artistiche

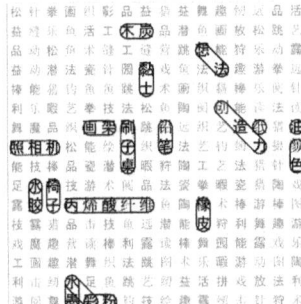

100 - Misurazioni

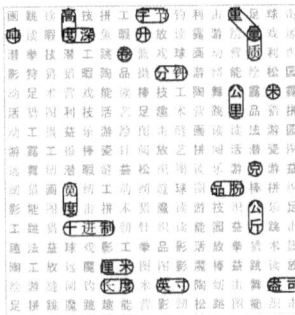

Dizionario

Acqua
水

Alluvione	洪水
Canale	运河
Doccia	淋浴
Evaporazione	蒸发
Fiume	河
Gelo	霜
Geyser	间歇泉
Ghiaccio	冰
Irrigazione	灌溉
Lago	湖
Monsone	季风
Neve	雪
Oceano	海洋
Onde	波浪
Pioggia	雨
Umidità	湿度
Umido	潮湿
Uragano	飓风
Vapore	蒸汽

Aeroplani
飞机

Altezza	高度
Aria	空气
Atmosfera	大气层
Atterraggio	降落
Avventura	冒险
Carburante	燃料
Cielo	天空
Design	设计
Direzione	方向
Discesa	下降
Equipaggio	船员
Gonfiare	膨胀
Idrogeno	氢
Motore	引擎
Navigare	导航
Palloncino	气球
Passeggero	乘客
Pilota	飞行员
Storia	历史
Turbolenza	湍流

Aggettivi #1
形容词 #1

Ambizioso	有雄心
Aromatico	芳香
Artistico	艺术的
Assoluto	绝对
Enorme	巨大的
Esotico	异国情调
Generoso	慷慨
Giovane	年轻
Grande	大
Identico	相同
Importante	重要的
Lento	慢
Lungo	长
Moderno	现代
Onesto	诚实
Perfetto	完美
Pesante	重
Prezioso	有价值的
Profondo	深
Sottile	薄

Aggettivi #2
形容词 #2

Affamato	饿
Asciutto	干
Autentico	正宗
Creativo	创意
Descrittivo	描述性的
Dolce	甜蜜的
Drammatico	戏剧性
Elegante	优雅
Famoso	著名的
Forte	强
Interessante	有趣
Naturale	自然
Normale	正常
Nuovo	新的
Orgoglioso	骄傲
Produttivo	生产力
Puro	纯
Responsabile	负责
Salato	咸
Sano	健康

Agronomia
农学

Acqua	水
Agricoltura	农业
Ambiente	环境
Cibo	食物
Ecologia	生态学
Energia	能源
Erosione	侵蚀
Fertilizzante	肥料
Inquinamento	污染
Malattie	疾病
Organico	有机
Piante	植物
Produzione	生产
Ricerca	研究
Rurale	乡村的
Scienza	科学
Semi	种子
Sistemi	系统
Suolo	土壤
Verdure	蔬菜

Algebra
代数

Diagramma	图表
Equazione	方程
Esponente	指数
Fattore	因素
Formula	公式
Frazione	分数
Infinito	无限
Lineare	线性
Matrice	矩阵
Parentesi	括号
Problema	问题
Quantità	数量
Risolvere	解决
Semplificare	简化
Soluzione	解决方案
Somma	和
Sottrazione	减法
Variabile	变量
Zero	零

Antartide
南极洲

Acqua	水
Ambiente	环境
Baia	湾
Balene	鲸鱼
Conservazione	保护
Continente	大陆
Geografia	地理
Ghiacciai	冰川
Ghiaccio	冰
Isole	岛屿
Migrazione	移民
Minerali	矿物
Nuvole	云
Penisola	半岛
Ricercatore	研究员
Roccioso	洛奇
Scientifico	科学的
Spedizione	远征
Temperatura	温度
Topografia	地形

Antiquariato
古董

Arte	艺术
Asta	拍卖
Autentico	正宗
Condizione	条件
Decenni	几十年
Decorativo	装饰性的
Elegante	优雅
Galleria	画廊
Insolito	异常
Investimento	投资
Mobilio	家具
Monete	硬币
Prezzo	价格
Qualità	质量
Restauro	恢复
Scultura	雕塑
Secolo	世纪
Stile	风格
Valore	价值
Vecchio	老

Api
蜜蜂

Ali	翅膀
Alveare	蜂巢
Benefico	有益的
Cera	蜡
Cibo	食物
Diversità	多样性
Ecosistema	生态系统
Fiori	花
Fiorire	开花
Frutta	水果
Fumo	烟
Giardino	花园
Habitat	生境
Insetto	昆虫
Miele	蜂蜜
Piante	植物
Polline	花粉
Regina	女王
Sciame	群
Sole	太阳

Archeologia
考古学

Analisi	分析
Antichità	古代
Ceramica	陶器
Civiltà	文明
Discendente	后裔
Era	时代
Esperto	专家
Fossile	化石
Frammenti	碎片
Mistero	神秘
Oggetti	对象
Ossa	骨头
Professore	教授
Reliquia	遗迹
Ricercatore	研究员
Sconosciuto	未知
Squadra	团队
Tempio	寺庙
Tomba	墓
Valutazione	评估

Arti Visive
视觉艺术

Architettura	建筑
Argilla	粘土
Artista	艺术家
Capolavoro	杰作
Carbone	木炭
Cavalletto	画架
Cera	蜡
Ceramica	陶器
Creatività	创造力
Film	电影
Fotografia	照片
Gesso	粉笔
Matita	铅笔
Penna	笔
Pittura	绘画
Prospettiva	看法
Ritratto	肖像
Scultura	雕塑
Stampino	模具

Astronomia
天文学

Asteroide	小行星
Astronauta	宇航员
Astronomo	天文学家
Cielo	天空
Costellazione	星座
Equinozio	春分
Galassia	星系
Gravità	重力
Luna	月亮
Meteora	流星
Nebulosa	星云
Osservatorio	天文台
Pianeta	行星
Radiazione	辐射
Razzo	火箭
Supernova	超新星
Telescopio	望远镜
Terra	地球
Universo	宇宙
Zodiaco	黄道带

Attività
活动

Abilità	技能
Arte	艺术
Artigianato	工艺品
Attività	活动
Caccia	狩猎
Campeggio	露营
Ceramica	陶瓷
Cucire	缝纫
Danza	跳舞
Escursioni	远足
Fotografia	摄影
Giardinaggio	园艺
Giochi	游戏
Lettura	阅读
Magia	魔法
Pesca	钓鱼
Piacere	乐趣
Puzzle	拼图
Rilassamento	放松
Tempo Libero	暇

Attività Commerciale
商业

Bilancio	预算
Carriera	职业生涯
Costo	成本
Datore di Lavoro	雇主
Dipendente	员工
Economia	经济学
Fabbrica	工厂
Finanza	金融
Investimento	投资
Merce	商品
Negozio	商店
Profitto	利润
Reddito	收入
Sconto	折扣
Società	公司
Soldi	钱
Transazione	交易
Ufficio	办公室
Valuta	货币
Vendita	销售

Attività e Tempo Libero
活动和休闲

Arte	艺术
Baseball	棒球
Basket	篮球
Boxe	拳击
Calcio	足球
Campeggio	露营
Escursioni	远足
Giardinaggio	园艺
Golf	高尔夫球
Hobby	爱好
Immersione	潜水
Nuoto	游泳
Pallavolo	排球
Pesca	钓鱼
Rilassante	放松
Shopping	购物
Surf	冲浪
Tennis	网球
Viaggio	旅行

Avventura
冒险

Amici	朋友
Attività	活动
Bellezza	美
Caso	机会
Coraggio	勇敢
Destinazione	目的地
Difficoltà	困难
Entusiasmo	热情
Escursione	远足
Gioia	喜悦
Insolito	异常
Itinerario	行程
Natura	大自然
Navigazione	导航
Nuovo	新的
Pericoloso	危险
Preparazione	准备
Sfide	挑战
Sicurezza	安全
Viaggi	旅行

Barbecue
烧烤

Caldo	热
Cena	晚餐
Cibo	食物
Cipolle	洋葱
Coltelli	刀
Estate	夏天
Fame	饥饿
Famiglia	家庭
Frutta	水果
Giochi	游戏
Griglia	烧烤
Insalate	沙拉
Musica	音乐
Pepe	胡椒
Pollo	鸡
Pomodori	番茄
Pranzo	午餐
Sale	盐
Salsa	酱
Verdure	蔬菜

Bellezza
美

Colore	颜色
Cosmetici	化妆品
Elegante	优雅
Fascino	魅力
Forbici	剪刀
Fotogenico	上镜
Fragranza	香味
Liscio	光滑
Mascara	睫毛膏
Oli	油
Pelle	皮肤
Prodotti	产品
Riccioli	卷发
Rossetto	口红
Servizi	服务
Shampoo	洗发水
Specchio	镜子
Stilista	造型师
Trucco	化妆

Biologia
生物学

Anatomia	解剖学
Batteri	细菌
Cellula	细胞
Collagene	胶原
Cromosoma	染色体
Embrione	胚胎
Enzima	酶
Evoluzione	进化
Fotosintesi	光合作用
Mammifero	哺乳动物
Mutazione	突变
Naturale	自然
Nervo	神经
Neurone	神经元
Ormone	激素
Osmosi	渗透
Proteina	蛋白质
Rettile	爬行动物
Simbiosi	共生
Sinapsi	突触

Campeggio
露营

Alberi	树木
Amaca	吊床
Animali	动物
Avventura	冒险
Bussola	罗盘
Cabina	舱
Caccia	狩猎
Canoa	独木舟
Cappello	帽子
Corda	绳子
Divertimento	乐趣
Foresta	森林
Fuoco	火
Insetto	昆虫
Lago	湖
Luna	月亮
Mappa	地图
Montagna	山
Natura	大自然
Tenda	帐篷

Casa
房子

Attico	阁楼
Biblioteca	图书馆
Camera	房间
Camino	壁炉
Cucina	厨房
Doccia	淋浴
Finestra	窗户
Garage	车库
Giardino	花园
Lampada	灯
Parete	墙
Pavimento	地板
Porta	门
Recinto	栅栏
Rubinetto	龙头
Scopa	扫帚
Soffitto	天花板
Specchio	镜子
Tappeto	地毯
Tetto	屋顶

Chimica
化学

Acido	酸
Alcalino	碱性
Atomico	原子
Calore	热
Carbonio	碳
Catalizzatore	催化剂
Cloro	氯
Elettrone	电子
Enzima	酶
Gas	气体
Idrogeno	氢
Ione	离子
Liquido	液体
Molecola	分子
Nucleare	核
Organico	有机
Ossigeno	氧
Peso	重量
Sale	盐
Temperatura	温度

Cibo #1
食物 #1

Aglio	大蒜
Basilico	罗勒
Cannella	肉桂
Carne	肉
Carota	胡萝卜
Cipolla	洋葱
Fragola	草莓
Insalata	沙拉
Latte	牛奶
Limone	柠檬
Menta	薄荷
Orzo	大麦
Pera	梨
Rapa	芜菁
Sale	盐
Spinaci	菠菜
Succo	果汁
Tonno	金枪鱼
Torta	蛋糕
Zucchero	糖

Cibo #2
食物 #2

Banana	香蕉
Broccolo	西兰花
Ciliegia	樱桃
Cioccolato	巧克力
Formaggio	奶酪
Fungo	蘑菇
Grano	小麦
Kiwi	猕猴桃
Mela	苹果
Melanzana	茄子
Pane	面包
Pesce	鱼
Pollo	鸡
Pomodoro	番茄
Prosciutto	火腿
Riso	米
Sedano	芹菜
Uovo	蛋
Uva	葡萄
Yogurt	酸奶

Cioccolato
巧克力

Amaro	苦
Antiossidante	抗氧化剂
Arachidi	花生
Aroma	香气
Brama	渴望
Cacao	可可
Calorie	卡路里
Caramella	糖果
Caramello	焦糖
Delizioso	美味
Dolce	甜蜜的
Esotico	异国情调
Gusto	味道
Ingrediente	成分
Noce di Cocco	椰子
Preferito	最喜欢的
Qualità	质量
Ricetta	食谱
Zucchero	糖

Città
小镇

Aeroporto	机场
Banca	银行
Biblioteca	图书馆
Cinema	电影
Clinica	诊所
Farmacia	药店
Fiorista	花店
Galleria	画廊
Hotel	酒店
Libreria	书店
Mercato	市场
Museo	博物馆
Negozio	商店
Panetteria	面包店
Scuola	学校
Stadio	体育场
Supermercato	超级市场
Teatro	剧院
Università	大学
Zoo	动物园

Corpo Umano
人体

Bocca	嘴
Caviglia	踝
Cervello	脑
Collo	脖子
Cuore	心
Dito	手指
Faccia	脸
Gamba	腿
Ginocchio	膝盖
Gomito	肘部
Mano	手
Mento	下巴
Naso	鼻子
Occhio	眼睛
Orecchio	耳朵
Pelle	皮肤
Sangue	血
Spalla	肩膀
Stomaco	胃
Testa	头

Creatività
创造力

Abilità	技能
Artistico	艺术的
Autenticità	真实性
Chiarezza	明晰
Drammatico	戏剧性
Emozioni	情绪
Espressione	表达
Fluidità	流动性
Idee	想法
Immaginazione	想象力
Immagine	图像
Impressione	印象
Intensità	强度
Intuizione	直觉
Inventivo	发明
Ispirazione	灵感
Sensazione	感觉
Spontaneo	自发的
Visioni	愿景
Vitalità	活力

Diplomazia
外交

Ambasciata	大使馆
Ambasciatore	大使
Civico	公民
Comunità	社区
Conflitto	冲突
Consigliere	顾问
Cooperazione	合作
Diplomatico	外交
Discussione	讨论
Etica	伦理
Giustizia	正义
Governo	政府
Integrità	正直
Lingue	语言
Politica	政治
Risoluzione	决议
Sicurezza	安全
Soluzione	解决方案
Trattato	条约
Umanitario	人道主义

Discipline Scientifiche
科学学科

Anatomia	解剖学
Archeologia	考古学
Astronomia	天文学
Biochimica	生物化学
Biologia	生物学
Botanica	植物学
Chimica	化学
Ecologia	生态学
Fisiologia	生理学
Geologia	地质学
Immunologia	免疫学
Linguistica	语言学
Meccanica	力学
Meteorologia	气象学
Mineralogia	矿物学
Neurologia	神经学
Psicologia	心理学
Sociologia	社会学
Termodinamica	热力学
Zoologia	动物学

Edifici
建筑物

Ambasciata	大使馆
Appartamento	公寓
Cabina	舱
Castello	城堡
Cinema	电影
Fabbrica	工厂
Fienile	谷仓
Hotel	酒店
Laboratorio	实验室
Museo	博物馆
Ospedale	医院
Osservatorio	天文台
Ostello	旅馆
Scuola	学校
Stadio	体育场
Supermercato	超级市场
Teatro	剧院
Tenda	帐篷
Torre	塔
Università	大学

Elettricità
電力

Attrezzatura	设备
Batteria	电池
Cavo	电缆
Elettricista	电工
Elettrico	电
Fili	电线
Generatore	发电机
Lampada	灯
Lampadina	灯泡
Laser	激光
Magnete	磁铁
Negativo	否
Oggetti	对象
Positivo	积极的
Presa	插座
Quantità	数量
Rete	网络
Telefono	电话
Televisione	电视

Energia
能源

Ambiente	环境
Batteria	电池
Benzina	汽油
Calore	热
Carbonio	碳
Carburante	燃料
Diesel	柴油
Elettrico	电
Elettrone	电子
Entropia	熵
Fotone	光子
Idrogeno	氢
Industria	工业
Inquinamento	污染
Motore	马达
Nucleare	核
Rinnovabile	再生
Turbina	涡轮
Vapore	蒸汽
Vento	风

Erboristeria
草药学

Aglio	大蒜
Aneto	莳萝
Aromatico	芳香
Basilico	罗勒
Culinario	烹饪
Dragoncello	龙蒿
Finocchio	茴香
Fiore	花
Giardino	花园
Ingrediente	成分
Lavanda	薰衣草
Maggiorana	马郁兰
Menta	薄荷
Origano	牛至
Prezzemolo	香菜
Qualità	质量
Rosmarino	迷迭香
Timo	百里香
Verde	绿色
Zafferano	藏红花

Escursionismo
徒步

Acqua	水
Animali	动物
Campeggio	露营
Clima	气候
Guide	指南
Mappa	地图
Montagna	山
Natura	大自然
Orientamento	方向
Parchi	公园
Pericoli	危害
Pesante	重
Pietre	石头
Preparazione	准备
Scogliera	悬崖
Selvaggio	荒野
Sole	太阳
Stanco	累
Stivali	靴子
Vertice	峰会

Etica
伦理

Altruismo	利他主义
Benevolo	仁慈
Compassione	同情
Cooperazione	合作
Dignità	尊严
Diplomatico	外交
Filosofia	哲学
Gentilezza	善良
Individualismo	个人主义
Integrità	正直
Onestà	诚实
Ottimismo	乐观
Pazienza	耐心
Ragionevole	合理
Razionalità	理性
Realismo	现实主义
Rispettoso	尊敬的
Saggezza	智慧
Tolleranza	宽容
Umanità	人性

Famiglia
家庭

Antenato	祖先
Bambino	孩子
Cugino	表哥
Figlia	女儿
Fratello	兄弟
Gemelli	双胞胎
Infanzia	童年
Madre	母亲
Marito	丈夫
Materno	产妇
Moglie	妻子
Nipote	侄子
Nipote	孙子
Nonna	祖母
Nonno	祖父
Padre	父亲
Paterno	父亲的
Sorella	姐姐
Zia	阿姨
Zio	叔叔

Fantascienza
科幻小说

Atomico	原子
Cinema	电影
Cloni	克隆
Distopia	反乌托邦
Esplosione	爆炸
Estremo	极端
Fuoco	火
Futuristico	未来派
Galassia	星系
Illusione	错觉
Immaginario	虚构的
Libri	书籍
Misterioso	神秘
Mondo	世界
Oracolo	甲骨文
Pianeta	行星
Robot	机器人
Scenario	场景
Tecnologia	技术
Utopia	乌托邦

Fattoria #1
农场 #1

Acqua	水
Agricoltura	农业
Ape	蜜蜂
Asino	驴
Campo	领域
Cane	狗
Capra	山羊
Cavallo	马
Fertilizzante	肥料
Fieno	干草
Gatto	猫
Gregge	羊群
Maiale	猪
Miele	蜂蜜
Mucca	牛
Pollo	鸡
Recinto	栅栏
Riso	米
Semi	种子
Vitello	小腿

Fattoria #2
农场 #2

Agnello	羊肉
Agricoltore	农民
Anatra	鸭
Animali	动物
Cibo	食物
Fienile	谷仓
Frutta	水果
Frutteto	果园
Grano	小麦
Irrigazione	灌溉
Lama	美洲驼
Latte	牛奶
Mais	玉米
Oche	鹅
Orzo	大麦
Pastore	牧羊人
Pecora	羊
Prato	草甸
Trattore	拖拉机
Verdura	蔬菜

Fiori
鲜花

Calendula	金盏花
Dente di Leone	蒲公英
Gardenia	栀子花
Gelsomino	茉莉花
Giglio	百合
Girasole	向日葵
Ibisco	芙蓉
Lavanda	薰衣草
Magnolia	玉兰
Margherita	雏菊
Mazzo	花束
Narciso	水仙花
Orchidea	兰花
Papavero	罂粟
Passiflora	西番莲
Peonia	牡丹
Petalo	花瓣
Rosa	玫瑰
Trifoglio	三叶草
Tulipano	郁金香

Fisica
物理学

Accelerazione	加速度
Atomo	原子
Caos	混乱
Chimico	化学的
Densità	密度
Elettrone	电子
Espansione	扩张
Formula	公式
Frequenza	频率
Gas	气体
Gravità	重力
Magnetismo	磁性
Meccanica	力学
Molecola	分子
Motore	引擎
Nucleare	核
Particella	粒子
Relatività	相对论
Universale	普遍的
Velocità	速度

Foresta Pluviale
雨林

Anfibi	两栖动物
Botanico	植物
Clima	气候
Comunità	社区
Diversità	多样性
Giungla	丛林
Insetti	昆虫
Mammiferi	哺乳动物
Muschio	苔藓
Natura	大自然
Nuvole	云
Preservazione	保存
Prezioso	有价值的
Restauro	恢复
Rifugio	避难所
Rispetto	尊重
Sopravvivenza	生存
Specie	物种
Uccelli	鸟类

Forme
形状

Angolo	角落
Arco	弧
Bordi	边缘
Cerchio	圈
Cilindro	圆筒
Cono	锥体
Cubo	立方体
Curva	曲线
Ellisse	椭圆
Iperbole	双曲线
Lato	边
Linea	线
Ovale	椭圆形
Piramide	金字塔
Poligono	多边形
Prisma	棱镜
Quadrato	广场
Rettangolo	矩形
Triangolo	三角形

Forniture Artistiche
美术用品

Acqua	水
Acquerelli	水彩
Acrilico	丙烯酸纤维
Argilla	黏土
Carbone	木炭
Carta	纸
Cavalletto	画架
Colla	胶水
Colori	颜色
Creatività	创造力
Gomma	橡皮
Idee	想法
Inchiostro	墨水
Matite	铅笔
Olio	油
Pastelli	粉彩
Sedia	椅子
Spazzole	刷子
Tavolo	桌子
Telecamera	照相机

Forza e Gravità
力和重力

Asse	轴
Attrito	摩擦
Centro	中央
Dinamico	动态
Distanza	距离
Espansione	扩张
Fisica	物理
Impatto	影响
Magnetismo	磁性
Meccanica	力学
Movimento	运动
Orbita	轨道
Peso	重量
Pianeti	行星
Pressione	压力
Scoperta	发现
Slancio	动量
Tempo	时间
Universale	普遍的
Velocità	速度

Fotografia
摄影

Ammorbidire	软化
Buio	黑暗
Colore	颜色
Composizione	组成
Contrasto	对比
Cornice	框架
Definizione	定义
Esposizione	展览
Formato	格式
Illuminazione	灯光
Nero	黑色
Oggetto	对象
Ombre	阴影
Prospettiva	透视
Ritratto	肖像
Soggetto	主题
Telecamera	照相机
Trama	质地
Visivo	视觉的

Frutta
水果

Albicocca	杏
Ananas	菠萝
Arancia	橙色
Avocado	鳄梨
Bacca	浆果
Banana	香蕉
Ciliegia	樱桃
Kiwi	猕猴桃
Lampone	覆盆子
Limone	柠檬
Mango	芒果
Mela	苹果
Melone	瓜
Mora	黑莓
Nettarina	油桃
Papaia	木瓜
Pera	梨
Pesca	桃
Prugna	李子
Uva	葡萄

Geografia
地理

Altitudine	高度
Atlante	地图集
Città	城市
Continente	大陆
Emisfero	半球
Fiume	河
Isola	岛
Latitudine	纬度
Longitudine	经度
Mappa	地图
Mare	海
Meridiano	子午线
Mondo	世界
Montagna	山
Nord	北
Ovest	西
Paese	国家
Regione	地区
Sud	南
Territorio	领土

Geologia
地质学

Acido	酸
Altopiano	高原
Calcio	钙
Caverna	洞穴
Continente	大陆
Corallo	珊瑚
Cristalli	水晶
Erosione	侵蚀
Fossile	化石
Geyser	间歇泉
Lava	熔岩
Minerali	矿物
Pietra	石头
Quarzo	石英
Sale	盐
Stalagmiti	石笋
Stalattite	钟乳石
Strato	层
Terremoto	地震
Vulcano	火山

Geometria
几何

Altezza	高度
Angolo	角度
Calcolo	计算
Cerchio	圈
Curva	曲线
Diametro	直径
Dimensione	尺寸
Equazione	方程
Logica	逻辑
Mediano	中位数
Orizzontale	水平
Parallelo	平行
Proporzione	比例
Quadrato	广场
Segmento	段
Simmetria	对称
Superficie	表面
Teoria	理论
Triangolo	三角形
Verticale	垂直

Giardinaggio
园艺

Acqua	水
Botanico	植物
Clima	气候
Commestibile	食用
Compost	堆肥
Contenitore	容器
Esotico	异国情调
Fiorire	开花
Floreale	花的
Foglia	叶
Fogliame	树叶
Frutteto	果园
Mazzo	花束
Semi	种子
Specie	物种
Sporco	污垢
Stagionale	季节性
Suolo	土壤
Tubo	软管
Umidità	水分

Giardino
花园

Albero	树
Amaca	吊床
Cespuglio	灌木
Erba	草
Erbacce	杂草
Fiore	花
Frutteto	果园
Garage	车库
Giardino	花园
Pala	铲
Portico	门廊
Prato	草坪
Rastrello	耙
Recinto	栅栏
Rocce	岩石
Stagno	池塘
Suolo	土壤
Terrazza	平台
Trampolino	蹦床
Tubo	软管

Giorni e Mesi
天和月

Agosto	八月
Anno	年
Aprile	四月
Calendario	日历
Dicembre	十二月
Domenica	星期日
Febbraio	二月
Gennaio	一月
Giugno	六月
Luglio	七月
Lunedì	星期一
Martedì	星期二
Mercoledì	星期三
Mese	月
Novembre	十一月
Ottobre	十月
Sabato	星期六
Settembre	九月
Settimana	周
Venerdì	星期五

Governo
政府

Cittadinanza	公民身份
Civile	民事
Costituzione	宪法
Democrazia	民主
Diritti	权利
Discorso	演讲
Discussione	讨论
Giudiziario	司法
Giustizia	正义
Indipendenza	独立
Legge	法律
Libertà	自由
Monumento	纪念碑
Nazione	国家
Politica	政治
Potenza	权力
Quartiere	区
Simbolo	象征
Stato	状态
Uguaglianza	平等

Guida
驾驶

Auto	汽车
Autobus	总线
Carburante	燃料
Freni	刹车
Garage	车库
Gas	气体
Incidente	事故
Licenza	执照
Mappa	地图
Moto	摩托车
Motore	马达
Pedonale	行人
Pericolo	危险
Polizia	警察
Sicurezza	安全
Strada	路
Traffico	交通
Trasporto	运输
Tunnel	隧道
Velocità	速度

I Media
媒体

Atteggiamenti	态度
Comunicazione	沟通
Digitale	数字
Edizione	版
Educazione	教育
Fatti	事实
Finanziamento	资金
Foto	照片
Giornali	报纸
Individuale	个人
Industria	工业
Intellettuale	知识分子
Locale	本地
Online	网上
Opinione	意见
Pubblicità	广告
Radio	收音机
Rete	网络
Riviste	杂志
Televisione	电视

Imbarcazioni
船

Albero	桅杆
Ancora	锚
Barca a Vela	帆船
Boa	浮标
Canoa	独木舟
Corda	绳子
Equipaggio	船员
Fiume	河
Kayak	皮艇
Lago	湖
Mare	海
Marea	潮
Marinaio	水手
Motore	引擎
Nautico	海上的
Oceano	海洋
Onde	波浪
Traghetto	渡轮
Yacht	游艇
Zattera	筏

Ingegneria
工程

Angolo	角度
Asse	轴
Calcolo	计算
Diagramma	图表
Diametro	直径
Diesel	柴油
Distribuzione	分配
Energia	能源
Forza	力量
Ingranaggi	齿轮
Leve	杠杆
Liquido	液体
Macchina	机器
Misurazione	测量
Motore	马达
Movimento	运动
Profondità	深度
Propulsione	推进
Stabilità	稳定性
Struttura	结构

Insetti
昆虫

Afide	蚜
Ape	蜜蜂
Calabrone	大黄蜂
Cavalletta	蚱蜢
Cicala	蝉
Coccinella	瓢虫
Coleottero	甲虫
Falena	蛾
Farfalla	蝴蝶
Formica	蚂蚁
Larva	幼虫
Libellula	蜻蜓
Mantide	螳螂
Pulce	跳蚤
Scarafaggio	蟑螂
Termite	白蚁
Verme	蠕虫
Vespa	黄蜂
Zanzara	蚊子

Jazz
爵士乐

Album	专辑
Applauso	掌声
Artista	艺术家
Batteria	鼓
Canzone	歌曲
Compositore	作曲家
Composizione	组成
Concerto	音乐会
Enfasi	重点
Famoso	著名的
Genere	类型
Improvvisazione	即兴创作
Musica	音乐
Nuovo	新的
Orchestra	管弦乐队
Ritmo	节奏
Stile	风格
Talento	人才
Tecnica	技术
Vecchio	老

L'Azienda
该公司

Creativo	创意
Decisione	决定
Industria	工业
Innovativo	创新的
Investimento	投资
Occupazione	就业
Possibilità	可能性
Presentazione	介绍
Prodotto	产品
Professionale	专业的
Progresso	进展
Qualità	质量
Reddito	收入
Reputazione	声誉
Rischi	风险
Risorse	资源
Salari	工资
Tendenze	趋势
Unità	单位

Letteratura
文学

Analisi	分析
Analogia	类比
Aneddoto	轶事
Autore	作者
Biografia	传记
Conclusione	结论
Confronto	比较
Descrizione	描述
Dialogo	对话
Genere	类型
Metafora	隐喻
Opinione	意见
Poesia	诗
Poetico	诗意
Rima	韵
Ritmo	节奏
Romanzo	小说
Stile	风格
Tema	主题
Tragedia	悲剧

Libri
书籍

Autore	作者
Avventura	冒险
Collezione	收藏
Contesto	上下文
Dualità	二元性
Epico	史诗
Inventivo	发明
Letterario	文学
Lettore	读者
Narratore	旁白
Pagina	页
Poesia	诗歌
Rilevante	相关的
Romanzo	小说
Scritto	书面的
Serie	系列
Storia	故事
Storico	历史的
Tragico	悲剧
Umoristico	幽默

Malattia
疾病

Acuto	急性
Addominale	腹部
Allergie	过敏
Batterico	细菌
Contagioso	传染性
Corpo	身体
Cronico	慢性
Cuore	心
Debole	弱
Ereditario	遗传
Immunità	免疫
Infiammazione	炎症
Lombare	腰椎
Neuropatia	神经病
Ossa	骨头
Patogeni	病原体
Respiratorio	呼吸的
Salute	健康
Sindrome	症状
Terapia	治疗

Mammiferi
哺乳动物

Balena	鲸
Cane	狗
Canguro	袋鼠
Cavallo	马
Cervo	鹿
Coniglio	兔子
Coyote	郊狼
Delfino	海豚
Elefante	大象
Gatto	猫
Giraffa	长颈鹿
Gorilla	大猩猩
Leone	狮子
Lupo	狼
Orso	熊
Pecora	羊
Scimmia	猴子
Toro	公牛
Volpe	狐狸
Zebra	斑马

Matematica
数学

Angoli	角度
Aritmetica	算术
Decimale	十进制
Diametro	直径
Equazione	方程
Esponente	指数
Frazione	分数
Geometria	几何学
Parallelo	平行
Parallelogramma	平行四边形
Perimetro	周长
Perpendicolare	垂直
Poligono	多边形
Quadrato	广场
Raggio	半径
Rettangolo	矩形
Simmetria	对称
Somma	和
Triangolo	三角形
Volume	卷

Meditazione
冥想

Abitudini	习惯
Accettazione	接受
Calma	平静
Chiarezza	明晰
Compassione	同情
Emozioni	情绪
Felicità	幸福
Gentilezza	善良
Gratitudine	感激
Mentale	心理
Movimento	运动
Musica	音乐
Natura	大自然
Osservazione	观察
Pace	和平
Postura	姿势
Prospettiva	透视
Respirazione	呼吸
Silenzio	沉默
Sveglio	醒

Meteo
天气

Arcobaleno	彩虹
Asciutto	干燥
Atmosfera	大气
Brezza	微风
Cielo	天空
Clima	气候
Fulmine	闪电
Ghiaccio	冰
Monsone	季风
Nebbia	雾
Nube	云
Polare	极地
Siccità	干旱
Temperatura	温度
Tempesta	风暴
Tornado	龙卷风
Tropicale	热带
Tuono	雷声
Uragano	飓风
Vento	风

Misurazioni
测量

Altezza	高度
Byte	字节
Centimetro	厘米
Chilogrammo	公斤
Chilometro	公里
Decimale	十进制
Grammo	克
Larghezza	宽度
Litro	升
Lunghezza	长度
Massa	质量
Metro	米
Minuto	分钟
Oncia	盎司
Peso	重量
Pinta	品脱
Pollice	英寸
Profondità	深度
Tonnellata	吨
Volume	卷

Mitologia
神话

Archetipo	原型
Comportamento	行为
Creatura	生物
Creazione	创造
Credenze	信仰
Cultura	文化
Disastro	灾难
Eroe	英雄
Forza	力量
Fulmine	闪电
Gelosia	嫉妒
Guerriero	战士
Immortalità	不朽
Labirinto	迷宫
Leggenda	传说
Magico	神奇
Mortale	凡人
Mostro	怪物
Tuono	雷
Vendetta	复仇

Musica
音乐

Album	专辑
Armonia	和谐
Armonico	谐波
Ballata	民谣
Cantante	歌手
Cantare	唱
Classico	古典
Coro	合唱
Lirico	抒情
Melodia	旋律
Microfono	麦克风
Musicale	音乐剧
Musicista	音乐家
Opera	歌剧
Poetico	诗意
Registrazione	录音
Ritmo	节奏
Strumento	仪器
Tempo	速度
Vocale	声乐

Natura
大自然

Animali	动物
Api	蜜蜂
Artico	北极
Bellezza	美
Deserto	沙漠
Dinamico	动态
Erosione	侵蚀
Fiume	河
Fogliame	树叶
Foresta	森林
Ghiacciaio	冰川
Nebbia	雾
Nuvole	云
Rifugio	庇护所
Santuario	避难所
Scogliere	悬崖
Selvaggio	荒野
Sereno	宁静
Tropicale	热带
Vitale	重要的

Numeri
数字

Cinque	五
Decimale	十进制
Diciannove	十九
Diciassette	十七
Diciotto	十八
Dieci	十
Dodici	十二
Due	二
Nove	九
Otto	八
Quattordici	十四
Quattro	四
Quindici	十五
Sedici	十六
Sei	六
Sette	七
Tre	三
Tredici	十三
Venti	二十
Zero	零

Nutrizione
营养

Amaro	苦
Appetito	食欲
Bilanciato	平衡的
Calorie	卡路里
Carboidrati	碳水化合物
Commestibile	食用
Dieta	饮食
Digestione	消化
Fermentazione	发酵
Gusto	味道
Liquidi	液体
Nutriente	养分
Peso	重量
Proteine	蛋白质
Qualità	质量
Salsa	酱
Salute	健康
Spezie	香料
Tossina	毒素
Vitamina	维生素

Oceano
海洋

Anguilla	鳗鱼
Balena	鲸
Barca	船
Corallo	珊瑚
Delfino	海豚
Gamberetto	虾
Granchio	螃蟹
Maree	潮汐
Medusa	海蜇
Onde	波浪
Ostrica	牡蛎
Pesce	鱼
Polpo	章鱼
Sale	盐
Scogliera	礁
Spugna	海绵
Squalo	鲨鱼
Tartaruga	乌龟
Tempesta	风暴
Tonno	金枪鱼

Paesaggi
景观

Cascata	瀑布
Deserto	沙漠
Dune	沙丘
Fiume	河
Geyser	间歇泉
Ghiacciaio	冰川
Grotta	洞穴
Iceberg	冰山
Isola	岛
Lago	湖
Mare	海
Montagna	山
Oasi	绿洲
Oceano	海洋
Palude	沼泽
Penisola	半岛
Spiaggia	海滩
Tundra	苔原
Valle	山谷
Vulcano	火山

Paesi #1
国家 #1

Brasile	巴西
Cambogia	柬埔寨
Canada	加拿大
Egitto	埃及
Finlandia	芬兰
Germania	德国
India	印度
Iraq	伊拉克
Israele	以色列
Libia	利比亚
Mali	马里
Marocco	摩洛哥
Norvegia	挪威
Panama	巴拿马
Polonia	波兰
Romania	罗马尼亚
Senegal	塞内加尔
Spagna	西班牙
Venezuela	委内瑞拉
Vietnam	越南

Paesi #2
国家 #2

Albania	阿尔巴尼亚
Danimarca	丹麦
Etiopia	埃塞俄比亚
Giamaica	牙买加
Giappone	日本
Grecia	希腊
Haiti	海地
Indonesia	印度尼西亚
Irlanda	爱尔兰
Laos	老挝
Liberia	利比里亚
Messico	墨西哥
Nepal	尼泊尔
Nigeria	尼日利亚
Pakistan	巴基斯坦
Russia	俄罗斯
Siria	叙利亚
Sudan	苏丹
Ucraina	乌克兰
Uganda	乌干达

Piante
植物

Albero	树
Bacca	浆果
Bambù	竹子
Botanica	植物学
Cactus	仙人掌
Cespuglio	灌木
Edera	常春藤
Erba	草
Fagiolo	豆
Fertilizzante	肥料
Fiore	花
Flora	植物
Foglia	叶
Fogliame	树叶
Foresta	森林
Giardino	花园
Muschio	苔藓
Petalo	花瓣
Radice	根
Vegetazione	植被

Professioni #1
职业 #1

Allenatore	教练
Ambasciatore	大使
Artista	艺术家
Astronomo	天文学家
Avvocato	律师
Ballerino	舞蹈家
Banchiere	银行家
Cacciatore	猎人
Cartografo	制图师
Editore	编辑
Farmacista	药剂师
Geologo	地质学家
Gioielliere	珠宝商
Idraulico	水管工
Infermiera	护士
Musicista	音乐家
Pianista	钢琴家
Psicologo	心理学家
Scienziato	科学家
Veterinario	兽医

Professioni #2
职业 #2

Astronauta	宇航员
Bibliotecario	图书管理员
Biologo	生物学家
Chirurgo	外科医生
Dentista	牙医
Detective	侦探
Filosofo	哲学家
Fotografo	摄影师
Giardiniere	园丁
Giornalista	记者
Illustratore	插画家
Ingegnere	工程师
Insegnante	老师
Inventore	发明者
Linguista	语言学家
Medico	医生
Pilota	飞行员
Pittore	画家
Ricercatore	研究员
Zoologo	动物学家

Psicologia
心理学

Clinico	临床
Cognizione	认识
Comportamento	行为
Conflitto	冲突
Ego	自我
Emozioni	情绪
Esperienze	经验
Idee	想法
Inconscio	无意识
Infanzia	童年
Influenze	影响
Percezione	感知
Personalità	个性
Problema	问题
Realtà	现实
Sensazione	感觉
Sogni	梦想
Subconscio	潜意识
Terapia	治疗
Valutazione	评估

Riscaldamento Globale
全球变暖

Ambientale	环境的
Artico	北极
Clima	气候
Conseguenze	后果
Crisi	危机
Dati	数据
Energia	能源
Futuro	未来
Gas	气体
Generazioni	代
Governo	政府
Industria	工业
Internazionale	国际
Legislazione	立法
Ora	现在
Popolazioni	人口
Scienziato	科学家
Sviluppo	发展
Temperature	温度
Umani	人类

Ristorante #2
餐厅 #2

Acqua	水
Aperitivo	开胃菜
Bevanda	饮料
Cameriere	服务员
Cena	晚餐
Cucchiaio	勺子
Delizioso	美味
Forchetta	叉子
Frutta	水果
Ghiaccio	冰
Insalata	沙拉
Minestra	汤
Pesce	鱼
Pranzo	午餐
Sale	盐
Sedia	椅子
Spezie	香料
Torta	蛋糕
Uova	蛋
Verdure	蔬菜

Salute e Benessere #1
健康和保健 #1

Abitudine	习惯
Altezza	高度
Batteri	细菌
Clinica	诊所
Fame	饥饿
Farmacia	药店
Frattura	断裂
Medicina	药
Medico	医生
Muscoli	肌肉
Nervi	神经
Ormoni	激素
Ossa	骨头
Pelle	皮肤
Postura	姿势
Riflesso	反射
Rilassamento	放松
Supplementi	补充剂
Trattamento	治疗
Virus	病毒

Salute e Benessere #2
健康和保健 #2

Allergia	过敏
Anatomia	解剖学
Appetito	食欲
Caloria	卡路里
Corpo	身体
Dieta	饮食
Digestione	消化
Disidratazione	脱水
Energia	能源
Genetica	遗传学
Igiene	卫生
Infezione	感染
Malattia	疾病
Massaggio	按摩
Nutrizione	营养
Ospedale	医院
Peso	重量
Sangue	血
Sano	健康
Vitamina	维生素

Scienza
科学

Atomo	原子
Chimico	化学的
Clima	气候
Dati	数据
Esperimento	实验
Evoluzione	进化
Fatto	事实
Fisica	物理
Fossile	化石
Gravità	重力
Ipotesi	假设
Laboratorio	实验室
Metodo	方法
Minerali	矿物
Molecole	分子
Natura	大自然
Organismo	生物
Osservazione	观察
Particelle	粒子
Scienziato	科学家

Spezie
香料

Aglio	大蒜
Amaro	苦
Cannella	肉桂
Cardamomo	豆蔻
Cipolla	洋葱
Coriandolo	香菜
Cumino	孜然
Curcuma	姜黄
Curry	咖喱
Dolce	甜蜜的
Finocchio	茴香
Gusto	味道
Liquirizia	甘草
Noce Moscata	肉豆蔻
Paprika	辣椒粉
Pepe	胡椒
Sale	盐
Vaniglia	香草
Zafferano	藏红花
Zenzero	姜

Sport
运动

Allenatore	教练
Atleta	运动员
Capacità	能力
Cardiovascolare	心血管
Ciclismo	循环
Corpo	身体
Danza	跳舞
Dieta	饮食
Forza	力量
Jogging	跑步
Massimizzare	最大化
Metabolico	代谢
Muscoli	肌肉
Nutrizione	营养
Obiettivo	目标
Ossa	骨头
Programma	程序
Resistenza	耐力
Salute	健康
Sportivo	体育

Strumenti Musicali
乐器

Armonica	口琴
Arpa	竖琴
Banjo	班卓琴
Chitarra	吉他
Clarinetto	单簧管
Fagotto	巴松管
Flauto	长笛
Gong	锣
Mandolino	曼陀林
Marimba	马林巴
Oboe	双簧管
Percussione	打击乐器
Pianoforte	钢琴
Sassofono	萨克斯管
Tamburello	铃鼓
Tamburo	鼓
Tromba	喇叭
Trombone	长号
Violino	小提琴
Violoncello	大提琴

Tecnologia
技术

Blog	博客
Browser	浏览器
Byte	字节
Computer	电脑
Cursore	光标
Dati	数据
Digitale	数字
File	文件
Font	字体
Internet	互联网
Messaggio	信息
Ricerca	研究
Schermo	屏幕
Sicurezza	安全
Software	软件
Statistiche	统计数据
Telecamera	照相机
Virtuale	虚拟
Virus	病毒

Tempo
時間

Anno	年
Annuale	每年
Calendario	日历
Decennio	十年
Dopo	后
Futuro	未来
Giorno	日
Ieri	昨天
Mattina	早晨
Mese	月
Mezzogiorno	中午
Minuto	分钟
Notte	晚上
Oggi	今天
Ora	小时
Orologio	时钟
Presto	很快
Prima	以前
Secolo	世纪
Settimana	周

Tipi di Capelli
头发类型

Argento	银
Asciutto	干
Bianco	白色
Biondo	金发
Breve	短
Calvo	秃
Grigio	灰色
Intrecciato	编织
Liscio	光滑
Lucido	闪亮的
Lungo	长
Marrone	棕色
Morbido	柔软的
Nero	黑色
Riccio	卷曲
Riccioli	卷发
Sano	健康
Sottile	薄
Spessore	厚
Trecce	辫子

Uccelli
鸟类

Airone	苍鹭
Anatra	鸭
Aquila	鹰
Cicogna	鹳
Cigno	天鹅
Cuculo	杜鹃
Fenicottero	火烈鸟
Gabbiano	鸥
Gufo	猫头鹰
Oca	鹅
Pappagallo	鹦鹉
Passero	麻雀
Pavone	孔雀
Pellicano	鹈鹕
Piccione	鸽子
Pinguino	企鹅
Pollo	鸡
Struzzo	鸵鸟
Tucano	巨嘴鸟
Uovo	蛋

Universo
宇宙

Asteroide	小行星
Astronomia	天文学
Astronomo	天文学家
Atmosfera	大气层
Buio	黑暗
Celeste	天体
Cielo	天空
Cosmico	宇宙
Emisfero	半球
Galassia	星系
Latitudine	纬度
Longitudine	经度
Luna	月亮
Orbita	轨道
Orizzonte	地平线
Solare	太阳的
Solstizio	冬至
Telescopio	望远镜
Visibile	可见
Zodiaco	黄道带

Vacanze #2
假期 #2

Aeroporto	机场
Campeggio	露营
Destinazione	目的地
Foto	照片
Hotel	酒店
Isola	岛
Mappa	地图
Mare	海
Passaporto	护照
Ristorante	餐厅
Spiaggia	海滩
Straniero	外国人
Taxi	出租车
Tempo Libero	暇
Tenda	帐篷
Trasporto	运输
Treno	火车
Vacanza	假期
Viaggio	旅程
Visto	签证

Veicoli
车辆

Aereo	飞机
Ambulanza	救护车
Auto	汽车
Autobus	总线
Barca	船
Bicicletta	自行车
Camion	卡车
Caravan	大篷车
Elicottero	直升机
Metropolitana	地铁
Motore	马达
Pneumatici	轮胎
Razzo	火箭
Scooter	滑板车
Sottomarino	潜艇
Taxi	出租车
Traghetto	渡轮
Trattore	拖拉机
Treno	火车
Zattera	筏

Verdure
蔬菜

Aglio	大蒜
Broccolo	西兰花
Carciofo	朝鲜蓟
Carota	胡萝卜
Cetriolo	黄瓜
Cipolla	洋葱
Fungo	蘑菇
Insalata	沙拉
Melanzana	茄子
Patata	土豆
Pisello	豌豆
Pomodoro	番茄
Prezzemolo	香菜
Rapa	芜菁
Ravanello	萝卜
Scalogno	葱
Sedano	芹菜
Spinaci	菠菜
Zenzero	姜
Zucca	南瓜

Vestiti
衣服

Abito	连衣裙
Braccialetto	手镯
Calzini	袜子
Camicia	衬衫
Cappello	帽子
Cappotto	外套
Cintura	带
Collana	项链
Giacca	夹克
Gonna	短裙
Grembiule	围裙
Guanti	手套
Jeans	牛仔裤
Maglione	毛衣
Moda	时尚
Pantaloni	裤子
Pigiama	睡衣
Sandali	凉鞋
Scarpa	鞋
Sciarpa	围巾

Congratulazioni

Ce l'hai fatta!

Speriamo che questo libro vi sia piaciuto tanto quanto a noi è piaciuto concepirlo. Ci sforziamo di creare libri della più alta qualità possibile.
Questa edizione è progettata per fornire un apprendimento intelligente, di qualità e divertente!

Le è piaciuto questo libro?

Una Semplice Richiesta

Questi libri esistono grazie alle recensioni che pubblicate.

Puoi aiutarci lasciando una recensione
ora a questo link ?

BestBooksActivity.com/Recensioni50

SFIDA FINALE!

Sfida n°1

Sei pronto per il tuo gioco gratuito? Li usiamo sempre, ma non sono così facili da trovare - ecco i **Sinonimi!**

Scrivi 5 parole che hai trovato nei puzzle (n° 21, n° 36, n° 76) e prova a trovare 2 sinonimi per ogni parola.

*Scrivi 5 parole del **Puzzle 21***

Parole	Sinonimo 1	Sinonimo 2

*Scrivi 5 parole del **Puzzle 36***

Parole	Sinonimo 1	Sinonimo 2

*Scrivi 5 parole del **Puzzle 76***

Parole	Sinonimo 1	Sinonimo 2

Sfida n°2

Ora che ti sei riscaldato, scrivi 5 parole che hai trovato nei puzzle n° 9, n° 17 e n° 25 e cerca di trovare 2 contrari per ogni parola. Quanti ne puoi trovare in 20 minuti?

Scrivi 5 parole del **Puzzle 9**

Parole	Antonimo 1	Antonimo 2

Scrivi 5 parole del **Puzzle 17**

Parole	Antonimo 1	Antonimo 2

Scrivi 5 parole del **Puzzle 25**

Parole	Antonimo 1	Antonimo 2

Sfida n°3

Grande! Questa sfida non è niente per te!

Pronto per la sfida finale? Scegli 10 parole che hai scoperto nei diversi puzzle e scrivile qui sotto.

1.	6.
2.	7.
3.	8.
4.	9.
5.	10.

Ora scrivi un testo pensando a una persona, un animale o un luogo che ti piace.

Puoi usare l'ultima pagina di questo libro come bozza.

La tua composizione:

TACCUINO:

A PRESTO!

Tutta la Squadra

SCOPRIRE GIOCHI GRATIS

GO

↓

BESTACTIVITYBOOKS.COM/FREEGAMES